오늘,
나에게
약이
되는 말

오늘, 나에게 약이 되는 말

"어제에 지친 당신에게"
평범한 일상에 빛이 되는 순간
오늘을 바꿔줄 낱말 처방전

한설 지음

위즈덤하우스

오늘, 당신에게
힘이 된 낱말은 무엇입니까?

나는 언어에도 영혼이 있다고 믿는다.

우리가 자주 쓰는 낱말에는 마음을 울리는 힘이 있다. 낱말의 여운이 기분과 생각과 대화를 만들어내고 그것들이 차곡차곡 쌓여 하루를 이룬다. 하루하루가 곧 일상이고, 일상이 지나간 궤적은 곧 우리 각자의 삶이 된다.

그러니까 우리 삶을 어디론가 이끄는 것은 우리가 자주 쓰는 언어의 영혼인지도 모른다. 생각하는 대로, 말하는 대로, 행동하는 대로. 언어의 영혼은 우리의 자아에 영향을 미쳐 내일을 바꿔놓기도 한다.

말이 모여 맥락이 되고 이야기가 된다.

우리는 수많은 이야기에 둘러싸여 살아간다. 뉴스, 소설, 드라마, 영화, SNS나 친구들과의 대화…… 헤아리기 어려울 정도로 많은 이야기가 매일 쏟아져나온다.

대부분은 보거나 들은 뒤에 금방 잊어버린다. 가끔씩은 마음을 울리는 이야기에 감동을 느낀다. 그러다가 한번은, 삶을 바꿔놓는 이야기를 만난다.

이야기에는 형형색색의 영혼이 깃들어 있다. 그것을 겪거나 말하거나 쓰는 이의 마음까지. 돌이켜보면 나는 어리석게도, 무지 혹은 독선이라는 어둠 속에 굽이굽이 난 길을 따라 이야기가 뿌려놓은 영혼의 부스러기만을 주워가며 살아온 것 같다.

이 책에는 여러 이야기를 모아놓았다.

나의 경험 혹은 누군가에게 들은 이야기부터 신문이나 잡지에 소개되었거나 오래전에 읽고 감동받아 간직해두었던 이야기다.

시작은 온전히 나 한 사람만을 위한 것이었다. 스스로를 위로하기 위해서랄까? 혼란스럽거나 힘겨울 때, 상황에 어울릴 만한 이야기를 찾아보면서 기분을 바꿔보려는 생각에서였다.

놀랄 만큼 효과가 있었다. 우울하거나 불안한 마음을 치유하고 다독여주는 것은 물론이요, 때때로 이야기에 한껏 고양되어 희열을 느끼기도 했으니 말이다.

그리 대단할 것 없는 이야기다. 주변의 누군가가 겪었을 법하거나 어디선가 들어본 듯 친숙하다. 나는 이 평범하고 익숙한 이야기들을 곱씹어 읽으며 언어의 영혼이 전해주는 깊은 감동과 깨달음을 얻었다. 때로는 아무것도 아닌 이야기에 단단하게 굳은 마음이 풀리고, 평범한 일상이 그러하듯 곁에서 묵묵하게 힘이 되어 다시 일어날 용기를 준다.

질리지 않고 볼 때마다 새롭게 느껴지는 영혼의 무한한 속삭임 같은.

이야기에서 '내 마음에 약이 되어준 핵심 낱말'을 추려냈다.

내가 이 말들을 통해 느낀 것을 당신도 경험했으면 한다. 손만 뻗으면 닿을 만한 곳에 이 책을 두고, 출근 전이나 잠자리에 들기 전에, 혹은 마음을 바꾸고 싶은 순간마다 펼쳐보기를 바란다. 내키는 대로 아무 곳이나 읽어도 좋을 것이다.

당신이 이 책에 흩뿌려진 '약이 되는 낱말'들을 따라 한 발씩 걸음을 옮기며 편안하게 미소를 지었으면 좋겠다. 불안이나 걱정, 미움, 분노 같은 감정들은 지나온 길 뒤로 남겨둔 채. 오늘, 당신에게 약이 되는 낱말들이 이끄는 대로 소박한 감동과 자각의 길을 따라서.

이 길의 한 모퉁이에서 만나 당신이 느낀 것들을 듣고 싶다.

II 힘이 되는

Ⅲ 당신

II 힘이 되는

Ⅲ 당신

I
그래도

가장 먼저
변해야 할 사람은

내가 젊고 자유로워 상상력의 한계가 없을 때
나는 세상을 변화시키겠다는 꿈을 가졌다.

그러나 좀 더 나이가 들고 지혜를 얻었을 때
나는 세상이 변하지 않으리란 것을 알았다.
그래서 내 시야를 조금 좁혀 내가 사는 나라를
변화시키겠다고 결심했다.

그러나 그것 역시 불가능한 일이라는 것을 알았다.

나는 마지막 시도로 나와 가장 가까운 내 가족을

변화시켜야겠다고 마음먹었다.

그러나 아아, 아무도 달라지지 않았다.

이제 죽음을 맞기 위해 자리에 누워 나는 문득 깨닫는다.

만약 내가 나 자신을 먼저 변화시켰더라면

그것을 보고 가족들이 변화했을 것을,

또한 그것에 용기를 내어

내 나라를 더 좋은 곳으로 바꿀 수도 있었을 것을.

그리고 누가 알겠는가? 이 세상까지도 변화시켰을지…….

영국 웨스트민스터 성당 지하 묘지에 있는 어느 성공회 주교
의 묘비에 새겨진 글이다.

변화

;

전에는 내가 모은 이야기를 책으로 묶어 내야겠다는 생각을 하지 못했다. 어디선가 들어본 듯한 평범한 이야기들이니까.

그런데 이야기를 곱씹을수록 여운이 짙고 각각의 이야기가 품은 낱말들을 하나씩 추려내고 다듬는 과정에서 그동안 내가 품어온 생각이 얼마나 섣부른 오만이었는지 깨달았다.

보잘것없다고 여긴 이야기들은 나보다 훨씬 컸다. 내가 세상에서 사라진 뒤에도 오랫동안 생명력을 이어가며 감동을 전해주리라는 확신이 들었다. '흔한 이야기'라며 그냥 넘겨버릴 대상이 아니었다.

이야기는 그대로이나 이야기의 결이 달리 보이기 시작했다. 결국, 내 생각이 문제였다.

변해야 할 당사자는 바로 나였던 것이다.

소설가 카프카의
비밀 편지

잦은 병치레로 고생하던 독일 작가 프란츠 카프카(1883~1924)는 1923년 베를린으로 휴양을 떠났다.

그는 슈테글리츠 공원을 산책하다가 귀여운 소녀를 만났다. 소녀는 서럽게 울고 있었다. 젊은 소설가는 궁금한 마음에 다가가 물었다.

"엄마를 잃어버렸니? 아니면 어디 다치기라도 했니?"

그런데 소녀의 대답이 뜻밖이었다.

"제 인형 브리다가 없어졌어요. 길을 잃었나 봐요."

카프카는 당황했다. 어떻게 말해주면 좋을지 몰라 고민하다가 작가의 상상력을 발휘해 소녀를 달랬다.

"음…… 브리지다는 길을 잃어버린 게 아니란다. 잠깐 여행을 떠난 거야. 음…… 그리고 왜 그렇게 갑자기 떠나야만 했는지 너한테 편지를 남겼단다."

소녀가 물었다.

"그걸 아저씨가 어떻게 알아요?"

카프카가 대답했다.

"왜냐하면 내가 인형 우편배달부거든. 오늘은 일이 끝났으니까 내일 편지를 가져다줄게."

그 뒤로 3주 동안 카프카는 매일 편지를 썼다. 인형의 편지를 기다리는 한 소녀를 위해서였다.

인형 브리지다는 런던에서 여행을 시작했다. 소녀는 인형의 편지를 보며 감동의 세계로 접어든다. 인형은 전 세계를 여행하고, 사랑에 빠지고, 결혼을 하고, 결국 아이에게 작별을 고한다. 아이는 그 과정을 통해 인형을 잃은 슬픔에서 벗어난다.

카프카가 오직 한 사람의 독자를 위해 이야기를 만들어냈다는 사실은 그 자체만으로도 화제가 되는 일이다. 이 사실은

2000년에 이르러서야 세상에 알려졌다. 카프카의 마지막 연인이었던 도라 디만트의 일생이 드러나면서다.

당시 베를린 여행을 함께한 그녀는 병색이 짙은 카프카가 인형의 편지를 써주는 쓸모없는 일에 지나친 열정을 쏟는 게 아닌지 걱정했지만 그의 순수한 마음을 이해하고 "무리는 하지 말라"라는 조언만 해주었다고 한다.

카프카는 『변신』이나 『소송』 같은 작품을 통해 현대인의 소외와 고독, 불안한 심리를 냉철하게 묘사한 작가다. 냉소적으로 보이는 그가 속으로는 얼마나 따뜻한 사람인지 알 수 있는 대목이다.

카프카가 소녀에게 보내주었다는 '인형의 편지'는 남아 있지 않다. 소녀가 누구인지, 어떻게 되었는지 역시 수수께끼로 남아 있다. 하지만 그가 쓴 편지가 한 소녀에게 얼마나 가치 있게 쓰였는지 짐작할 수 있다.

카프카가 인형의 편지를 대신 써준 1923년은 그가 작가로서 마지막 열정을 불태운 시기였다. 그 이듬해 그는 장편소설을 마무리하지 못하고 눈을 감았다.

쓸모

;

누가 알아주지 않고 돈도 안 되는 일. 그런 일을 일컬어 쓸모없다고 투덜댄다. 게다가 우리는 다른 이의 '쓸모 있음'보다 '쓸모없음'을 꼬집는 데 더 탁월한 식견을 가진 듯하다.

때로는 나에게 소중한 일이 다른 이에겐 쓸모없이 여겨지기도 한다. 이를테면 강아지와 대화를 시도하거나, 외국 드라마에 빠져들거나, 인터넷 서점의 사은품 머그잔을 종류별로 모으는 일 등 세상은 쓸모없어 보이는 일로 넘쳐난다.

그런데 이처럼 쓸모없는 일이 일상의 본질이기도 하다. 사소해 보여도 본인에게는 의미 깊은 일들.

그런 일들을 통해 우리는 위로를 얻고 재미와 보람을 느끼며 스스로가 원하는 모습으로 나날이 거듭난다.

중경삼림 스타일
우울 탈출법

슬럼프에 빠지거나 우울할 때면 영화 〈중경삼림〉(1994)이 생각난다. 영화에서 금성무는 실연의 아픔을 잊기 위해 온 힘을 다해 도시를 달린다.

한 달을 정해두고 연인이 돌아오기를 기다리지만, 사실은 그녀가 돌아오지 않으리라는 것을 안다. 그는 다만 그녀를 잊기 위한 유예 기간을 그렇게 정했을 뿐이다.

그래서 그는 달리고 또 달린다. 그는 말한다.

"실연은 별것 아니니 눈물까지 흘릴 필요는 없어요. 난 실연을 당할 때면 늘 달려요. 온몸이 젖을 정도로 땀을 빼내면 눈물도 다 빠져나가죠."

그는 생일 아침에도 달린다.

몸 안의 수분이 다 빠져나갈 정도로 달린 뒤에야 기분이 좋아진 그는 그동안 연인과 연락하던 무선호출기를 버리고 마침내 과거의 연인을 잊기로 한다.

누군가를 기억 저편으로 보낸다는 것은, 동시에 새로운 누군가를 맞이할 채비가 되었음을 의미한다.

달리다

;

오로지 지금 이 순간에 몰입하는 방법. 달릴 때에는 그것 외에 아무 것도 할 수 없다. 머릿속을 하얗게 비울 수 있다.

우울한 기분이 바뀌기를 막연하게 기다리는 것보다는 몸을 움직여 달려보는 것이 좋겠다.

구역질이 날 정도로 속도를 내다 보면 몸 안에 쌓인 슬픔, 실망, 미움, 자책 같은 감정들이 땀과 함께 빠져나가는 기분을 느낄 수 있다.

그렇게 달릴 때에야 비로소 온전한 혼자가 된다.

내가 바꿀 수 없는 일로
슬퍼하는 대신

2013년 8월. 미국의 한 여성이 세상을 떠났다.

일간지 《시애틀타임스》가 61세의 나이로 숨을 거둔 이 여성의 부고를 게재했다. 작가이자 칼럼니스트인 제인 로터Jane Catherine Lotter였다.

그런데 그 부고를 쓴 사람은 바로 로터 자신이었다. 코믹 소설을 출간하고 신문에 유머 칼럼을 연재하던 그는 부고의 첫대목에서부터 탁월한 유머 감각을 발휘했다.

"말기 자궁내막암으로 죽어가는 몇 안 되는 장점 중에 하나는 내 부고를 쓸 시간을 가질 수 있다는 것이다."

로터는 1952년 시애틀에서 태어나 워싱턴대학에서 학사 학위를 받았다고 소개했다. 자신의 코믹 소설을 거론하며 "아마존 인터넷 서점에서 구입할 수 있다"라는 홍보도 잊지 않았다.

남편 로버트에 대해서도 언급했다.

"그를 만난 것은 1975년 11월 22일 파이어니어 광장의 술집에서였다. 그날은 정말이지 내 생애 가장 운 좋은 날이었다. 밥, 당신을 하늘만큼 사랑해."

딸 테사와 아들 라일리에게도 조언을 남겼다.

"인생길을 걷다 보면 장애물을 만나게 마련이란다. 하지만 그 장애물 자체가 곧 길이라는 점을 잊지 말거라."

그는 761개의 단어로 완성된 부고에서 "내 유머 감각을 보여주기 위해 농담을 몇 개 하고 싶지만 기사 분량이 늘어나면《시애틀타임스》가 지급해야 할 원고료 부담도 늘어날 테니 이만 생략하겠다"라고 농을 쳤다.

시한부 인생을 선고받은 뒤에 어떤 마음이었는지에 대해서도 털어놓았다.

"내가 바꿀 수 없는 일로 슬퍼하는 대신 나의 충만했던 삶에 기뻐하기로 결정했다. 태양, 달, 호숫가의 산책, 내 손을 꼭 쥐던 어린아이의 손……. 이 신나는 세상으로부터 영원한 휴가를 떠나는 것."

로터는 존엄사를 택했고 가족이 지켜보는 가운데 평화롭게 눈을 감았다. 남편은 아내와의 이별을 이렇게 기억했다.

"제인은 부두에 널브러진 생선 같은 모양새로 삶을 끝내고 싶어하지 않았어요. 마지막 순간에도 창가에 만들어놓은 새집에 벌새가 날아드는 것을 보고 싶다며 콘택트렌즈를 빼지 않겠다고 했지요."

제인 로터에 대한 기사들을 보면, 그가 일생을 행복하게 잘 살았다는 느낌이 든다. 삶의 마지막 순간까지 유머 감각을 잃지 않고 자신의 즐거움을 다른 이와 함께하려 했다.

눈앞에 다가온 죽음 앞에서 우리도 로터처럼 대범하게 농담을 던질 수 있을까.

유족들은 장례식장을 찾아온 추모객들에게 배지를 하나씩 나누어주었다고 한다. 로터의 유언에 따라 만들어진 것이라고 한다.

하늘색의 둥근 배지에는 예쁜 글씨로 이렇게 쓰여 있었다.

'아름다운 날, 여기 있어서 행복해beautiful day, happy to be here.'

여기
;

제인 로터는 내게 삶에 관한 귀중한 메시지를 남겨주었다.

이 기사를 읽고 컴퓨터에 저장하면서 나 또한 결심했다. 내가 바꿀

수 없는 일로 슬퍼하는 대신 나의 충만한 삶에 기뻐하기로.

잘나가는 선후배나 친구들에 비하면 보잘것없다고 자학할 때도 있

지만 이만하면 그럭저럭 눈앞의 일상을 즐기며 잘 살아가고 있다고.

우리는 누구나 자신에게 부여된 만큼의 행복을 누리고 있다.

여기 있어서 행복하다.

사랑하는 이의
앞모습과 뒷모습

전설적인 야구감독 김응용 씨는 프로 감독 최다 승리(1476회) 기록을 갖고 있지만 최다 패배(1138회) 기록 보유자이기도 하다.

모든 성공 혹은 좌절은, 알고 보면 제로섬 게임이다. 얻은 것이 있다면 그를 위해 다른 것을 잃어야 하며 크나큰 상실의 와중에도 알고 보면 얻는 게 있다.

그런데 사람들은 성공한 사람의 앞모습만 보면서 부러워한다.

뒷모습에는 관심이 없다.

뒷모습

;

사랑하는 이의 앞모습에는 누구나 정통하다.

그가 좋아하는 것들을 열 손가락 모두 동원해 꼽을 정도다.

반면 사랑하는 이의 뒷모습을 제대로 볼 줄 아는 이는 드물다. 이따금 보이는 상대방의 이해하기 어려운 행동이나 감정에 대해 도무지 답을 몰라 답답하기만 하다면, 사실은 그에 대해 아는 게 별로 없는 것이다.

누군가를 진정으로 안다는 것은 그의 뒷모습까지 깊이 관찰하고 받아들였음을 의미하니까.

삶의 선순환을
알리는 신호

너무 가까운 사이라서 오히려 '안 좋은 쪽'으로 특별 대우를 하는 경우가 많다. 상대의 좋은 점이나 잘하는 것에는 굳이 말이 필요없거나 한마디면 충분하다고 생각한다.

"당연하지."

그러면서 부족한 점은 기가 막히게 찾아내고 지적한다. 금세 무시하는 말로 이어진다.

"너는 왜 그 모양이냐? 한심한 놈."

그의 말에 아들은 수저를 식탁에 내려놓고 자기 방으로 들어가 문을 닫았다. 아내가 따라가려는 것을 그가 붙잡았다.

"내버려둬. 쓸모없는 놈."

아들이 마음에 안 들 때마다 그는 혀를 차며 이렇게 말했다.

"네 녀석이 그렇지 뭐."

집에서는 아들에게 신랄한 말을 쏟아낸다. 하지만 직장에서
는 가시 돋힌 말들이 자신을 향해 돌진해왔다. 누군가가 굳이 말
하지 않더라도 스스로에게 마음속으로 해대는 것이다. 상사의
핀잔이나 작은 실수 하나에도 여지없이.

'나는 왜 이 모양일까.'

'이런 내가 뭘 할 수 있겠어.'

종일 화나고 우울한 마음인 채로 퇴근해 집에 돌아오면 똑같
은 말을 퍼부을 아들에게 가장 먼저 눈길이 향했다. 마침내 아들
은 기숙사가 있는 고등학교로 진학해 집을 떠나고 말았다.

그러던 어느 날 그는 호스피스로부터 연락을 받았다. 아버지
가 위독하다는 것이었다. 친하게 지내본 기억이 없는 아버지라
는 존재. '아버지' 하면 생각나는 것은 호통과 주먹질뿐이었다.
40년이 넘게 그렇게 살았다.

아버지의 세상에서는 아버지만이 완전무결한 존재였다. 나머
지 식구는 눈에 안 차는 '부록'이었다. 그런 아버지에게서 벗어
나려고 일찌감치 고향을 등진 그였다.

아내와 함께 들어선 병실에는, 아버지 대신 볼품없는 노인이 침대에 누워 있었다. 노인이 그를 알아보고는 들릴 듯 말 듯한 목소리로 말했다. 귀를 가까이 대고서야 간신히 알아들을 수 있었다.

"미안하다."

뭐가 미안하다는 것인지는 알 수 없었다. 그러나 곧 짐작할 수 있었다. 좋은 아버지에 좋은 가장이 되어주지 못한 것.

아버지에게는 모든 게 당연했다. 모든 식구가 당신을 위해 일사불란하게 움직여야 했다. 어머니는 가게에 살림까지 도맡아 쩔쩔매면서도 아버지의 체면치레를 위해 제사에 명절 준비, 손님맞이까지 빈틈없이 해내야 했다.

자식들 역시 아버지의 기대에 한 치도 어긋남이 없어야 했다. 반장 선거에서 밀리거나 일등을 놓치기라도 하면 아버지는 혀를 끌끌 차며 이렇게 말씀하시곤 했다.

"쓸모없는 것."

어머니가 돌아가셨을 때 아버지가 짓던 표정이 기억에 생생하게 남아 있다. 별일 아니라는 듯 무심하던. 그토록 미워하고 피하고만 싶던 아버지를, 나이 들며 자기도 모르게 닮아갔다.

어느 순간부터는 아버지가 없어도 아버지가 한 말 그대로 스스로에게 던지고 자책하며 매일을 힘겹게 보냈다.

'그럼 그렇지. 나까짓 게 뭘 할 수 있겠어.'

누구나 그럴 것이다. 어떤 말을 들으면서 살아왔는지 지금의 모습이 말해준다.

그는 아버지의 앙상한 손을 보다가 불현듯 깨달았다. 아버지 또한 할아버지로부터 듣고 자란 말대로 살아갈 수밖에 없었다는 것을. 그 시절에는 식구들에게 분노를 드러내고 몰아붙이는 것만이 가장의 권위를 내세우는 유일한 방법이었는지도 모른다.

그렇게 그는 아버지로부터 물려받은 말을, 자신도 모르게 아들에게 대물림하고 있었다.

"너는 왜 그 모양이냐? 한심한 놈."

그는 아버지의 "미안하다"라는 말에 무어라 대답해야 할지 몰라 공연히 먼 산만 바라보았다. 옆에서 아내가 그의 손을 잡아주었다.

아버지가 안정을 찾은 모습을 확인한 그는 잠시 복도로 나왔다. 어느덧 저녁 무렵이었다. 휴대전화를 꺼내 아들에게 전화를 걸었다. 이번 주말에는 집에 와주지 않겠느냐고 말하고 싶었다.

미안하다

;

사람은 밥보다 말을 많이 먹는다.

밥은 입 하나로 먹지만 말은 두 귀로 먹기 때문이다. 밥은 하루 세끼

를 먹지만 말에는 정해진 끼니가 없어 수시로 먹기 때문이다. 가장

많은 말을 주는 사람은, 바로 말하는 당사자다.

사람들은 좋은 음식을 먹고 싶은 욕구만큼이나 좋은 말을 듣고 싶어

한다. 그런데 입만 열면 부정적인 말을 쏟아낸다면…….

부정적인 말의 악순환을 끊어내기 위해 우리에게 필요한 것은 바로

이 말이 아닐까.

"미안하다."

그런데 생각처럼 입 밖에 내기가 쉽지 않은 게 또 미안하다는 말이

다. 그래서 더욱 미안해진다.

오늘 스스로에게 먼저 소리내어 말해보면 어떨까.

마음처럼은
안 되지만

우리는 늘 다른 사람에게 약속을 한다.

"내일은 꼭 해줄게."

다음 날에는 이렇게 말한다.

"미안해. 내일은 정말로 해줄게. 꼭."

스스로에게도 약속을 한다.

'내일부터 시작할 거야.'

나 또한 지금까지 숱하게 약속을 해왔다. 생각해보면 그 말은 '절대 안 할 거야'라는 말과 다를 바 없었다.

캐나다 캘거리대학의 피어스 스틸Piers Steel 교수는 미루는 습관이 불행을 초래한다고 강조한다. 그의 조사에 참여한 사람들에 따르면 77퍼센트가 '내일부터는 꼭'이라며 다이어트를 미루다 실패한 경험이 있다고 응답했다. 94퍼센트는 내일로 미루는 습관 때문에 불행하다고 답했다.

연구 결과 '내일은 꼭'이라며 미루는 습관은 불안정한 금전 상황이나 비만, 허약한 체질과도 관계가 깊다.

알고 보면 미루는 습관에서 벗어나는 방법은 지극히 간단하다. '내일은 꼭'이라고 말하지 말고 '지금 바로' 시작하는 것이다.

지금
;

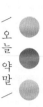

'내일부터'라는 말을, 지금까지 살아오면서 몇 번이나 했을까.

어림잡아도 수천 번은 넘지 않을까 싶다. 하지만 그 '내일'이 온 적은 거의 없다.

이 글을 쓰는 지금, 마음을 굳게 먹어본다.

'내일부터는 미루는 습관에서 보란 듯 벗어나 보겠어.'

그러니까 마지막 기념으로 오늘은 밀린 웹툰이나 실컷 보면 어떨까.

이런… 솔직히 말은 쉽다. 시작이라는 게 어려운 것이다.

미루지 말고 일단 시작하자, 지금!

남들은
기억도 못 하는데

그는 고등학교 2학년이 되어서야 노는 친구들 무리에서 벗어나야겠다고 결심했다. 이대로는 아무것도 안 되겠다고, 그러니까 썩은 동아줄이라도 잡아봐야겠다는 절박함에서였다.

하지만 수업에 귀를 기울여봐도 도무지 무슨 소리인지 이해할 수가 없었다. 하긴, 초등학교 때 그것도 잠깐을 빼고는 공부라는 것을 해본 기억이 없다. 어쩔 수 없이 초등학교 고학년과 중학교 참고서를 구해서 보기 시작했다.

그마저도 차마 교실에서는 꺼낼 수가 없었다. 공부 좀 한다는 녀석들이 한심하다는 표정으로 쳐다볼 것 같았다. 같이 놀던 친구들 역시 그에게 몰려와 시비를 걸어댈 게 뻔했다.

"공부하는 거야? 혼자 잘 먹고 잘 살려고 애쓴다?"

쉬는 시간마다 중학교 영어 단어장을 주머니에 쑤셔 넣고 아무도 없는 곳에 가서 몇 개씩 외웠다.

그러던 어느 날, 음악실에서 단어장을 들춰보고 나오다가 생활지도부 선생님과 딱 마주치고 말았다. 당황한 그의 표정을 보고 선생님이 추궁했다.

"거기서 뭐했어? 너, 피웠지?"

그는 아니라고 말하려다가 귀찮아서 포기해버렸다. 학교에서는 이제 그런 짓 안 한다고 얘기한들 믿어줄 것 같지도 않았다.

"이 자식, 어쩐지 그동안 조용하다 싶었는데 여기서 이런 짓이나 하고…….'

선생님이 그의 바지 주머니를 뒤지려 했다. 그는 엉덩이 부분을 가리면서 몸을 뒤로 뺐다.

"너, 그거 이리 안 내놔?"

뒷주머니에 담배가 있다고 생각한 모양이었다. 그는 의심을 받는 게 억울하고 서글펐다. 한편으로는 어쩔 수 없는 일이기도 했다. 그동안 저지른 잘못이 있는데다 빈 음악실에서 혼자 나왔으니 의심을 살 만도 했다.

결국 선생님은 그를 돌려세워 뒷주머니에서 손바닥만 한 크기의《중학생 영어 필수 단어》를 꺼내고야 말았다. 단어장이 나오자 선생님도 당황했는지 말을 더듬었다.

"너…… 이거…….."

선생님이 단어장을 돌려주었다. 그는 그것을 받아 뒷주머니에 꽂고는 웅얼거렸다.

"아이 씨, 쪽팔리게."

그가 복도를 뛰어가는데 뒤에서 선생님이 큰소리로 외쳤다.

"공부하는 건 창피한 게 아니야. 자랑스러운 거야."

그날 이후로는 어디서든 누가 뭐라든 마음 편히 공부할 수 있게 되었다.

창피하다

;

실제와는 관계없이 남들이 나를 우습게 볼 거라고 느낄 때가 있다.
그러나 시간이 흐른 뒤에 한 발 물러나 돌이켜보면 다른 맥락을 발
견할 수 있다.

창피하다고 생각한 그 순간을 다른 이는 기억도 못 하는 경우가 허
다하다. 심지어 딴생각에 빠진 채 관심 있는 듯 행동했을 뿐이었다.
그러니까 창피를 당해 누군가가 나를 우습게 보리라고 여기는 것 자
체가 창피한 생각이었다.

스스로를 위해 선택한 일이라면, 그것이 남에게 피해를 주지 않는다
면, 창피해할 이유가 없다.

수없이
되새겨야 할 것들

친구 두 사람이 사막을 걸어 여행을 하고 있었다.

그런데 공연한 시비가 붙어 서로 다투게 되었다.

급기야 흥분한 친구가 다른 친구의 뺨을 때리고 말았다.

뺨을 맞은 친구는 기분이 나빴지만 아무 말도 하지 않았다.

그러고는 모래 위에 이렇게 적었다.

'가장 친한 친구가 나의 뺨을 때렸다.'

이내 바람이 불어와 모래에 새긴 그 글을 날려버렸다.

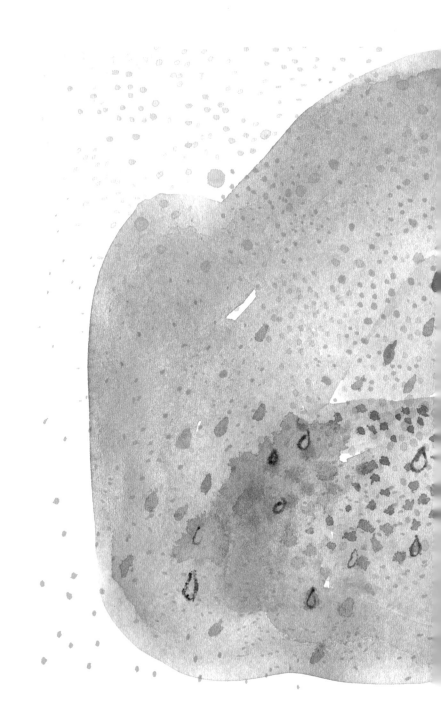

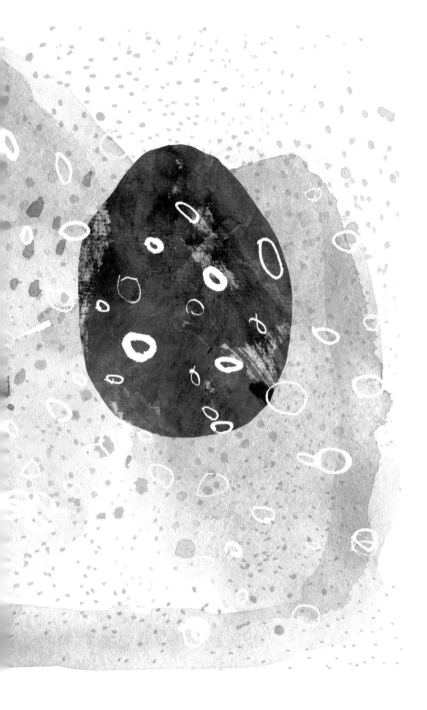

두 사람은 오아시스가 나올 때까지 말없이 걸었다.

마침내 물가에 도착한 두 친구는 그곳에서 목욕을 하기로 했다.

뺨을 맞은 친구가 물에 들어가다 그만 모래 늪에 빠져버렸다.

뺨을 때린 친구가 뛰어와서는 목숨을 걸고 그를 구해주었다.

늪에서 빠져나온 친구가 바위에 정성스럽게 글을 새겼다.

'가장 친한 친구가 나의 생명을 구해주었다.'

그를 때렸으며, 또한 구해준 친구가 의아해서 물었다.

"내가 때렸을 때는 모래에 적었는데 왜 구해준 것은 바위에다
새겼지?"

친구가 대답했다.

"누군가 우리를 괴롭히고 힘들게 했을 때

우리는 그것을 모래에 적어야 해.

용서의 바람이 불어와 그것을 지워버릴 수 있도록.

그러나 누군가가 우리에게 고마움과 은혜를 베풀었을 땐

우리는 그 사실을 바위에 새겨야 해.

그래야 바람이 불어와도 영원히 지워지지 않을 테니까."

새기다
;

닳도록 읽어서 나에게는 새로울 게 없는 이야기다. 그런데도 살아가면서 끝없이 새로워지는 이야기다.

글을 쓰다 보면 호된 질책을 들을 때가 있다.

"이 글에서는 어쩐지 진심이 느껴지지 않는군요."

마음속 깊은 곳에서 반감이 스멀스멀 올라온다. 얼마나 고생해서 완성한 글인데……. 믿는 사람에게 난데없이 뺨을 맞은 듯한 충격을 받았다. 그날, 밤늦도록 기분이 우울했다.

하지만 그 사람은 나를 위해 은혜를 베풀어준 것이다. 모욕이나 상처를 주기 위해서가 아니라 내가 좀 더 나아지기를 위한 바람 때문이었다.

늘 도움과 가르침을 받으면서도 그 은혜를 바람에 날리는 모래처럼 잊곤 한다. 두 친구 이야기를 계속 읽고 또 읽어야 할 것 같다. 앞으로도 수없이 많은 되새김질이 필요할 테니까.

그늘과 열매가 되어주기를
바라면서도 정작

남편은 물을 잔뜩 머금은 솜과도 같았다. 며칠간 이어진 야근에 가뜩이나 지쳐 있는데 퇴근 직전에 상사의 질책까지 받고 나자 기분이 최악이었다. 집에 도착할 무렵, 남편에게는 한 가지 생각밖에 없었다.

'뜨거운 물로 샤워하고 잠이나 푹 잤으면…….'

현관문을 열자마자 그 생각에는 금이 가기 시작했고 거실을 둘러봤을 때는 산산이 깨지고 말았다. 집 안은 엉망이었다. 거실에는 신문이며 잡지, 아기 장난감과 그림책 같은 것들이 너저분하게 널려 있었다.

'집 꼴이 이게 뭐야?'

남편은 화를 눌러 참으며 아내를 찾았다. 아내는 아이와 함께 잠들어 있었다.

남편은 배가 고파 요기라도 하려고 냉장고 문을 열었다. 먹을 만한 거라고는 하나도 없었다. 아내를 향한 분노가 치솟았다.

'대체 하루 종일 집 안에서 뭘 하는 거야?'

아내가 눈을 부비면서 나왔다.

"언제 왔어? 저녁 준비할 테니까, 애기 기저귀 좀 갈아줄래?"

그 말에 남편의 화가 폭발했다. 부부는 서로 잘잘못을 따지면서 다투기 시작했다.

부부는 서로를 나무로 생각해왔다. 남편은 아내라는 나무 옆에서 편안하게 쉬고 싶었다. 아내의 무릎을 베고 누워 아내의 시원한 그늘에서 여유를 누리고 싶었다.

그런데 언젠가부터 아내 나무에 질리기 시작했다. 그늘을 드리워주기는커녕 끊임없이 요구를 해대는 아내. 그런 아내와 아이를 돌보느라 하고 싶은 일을 못 하게 된 것도 불만이었다.

아내 역시 마찬가지였다. 남편을 크고 풍성한 나무로 생각했다. 남편이 거친 비와 바람을 막아주어 그 밑에서 안심하며 행복을 꿈꿀 수 있으리라고 믿었다.

그러나 남편은 생각만큼 듬직한 나무가 되어주시 못했다. 집안일을 분담하는 것은 고사하고 자꾸 귀찮고 성가신 일을 만들어 아내를 힘들게 했다. 걸핏하면 친척이나 친구들을 집으로 초대하는 것도 그랬다.

"나도 힘들어."

아내는 감정에 겨워 속내를 털어놓았다. 그날 아내는 종일 아기와 씨름하느라 지친 상태였다. 분유를 먹이고 기저귀를 갈아줘도, 아무리 어르고 달래도, 울음을 그치지 않는 아기 때문에 미칠 것만 같았다.

아기를 간신히 재우고 나서 행여 아기가 깰까 숨죽이며 펑펑 울었다. 애 엄마가 되어 이렇게 사는 자신이 처량하고 한심했다. 잠시 미뤄두었다고 생각한 꿈이 점점 멀어져감을 실감했다.

그토록 힘겨운 시간을 보내고 잠깐 눈을 붙였는데 그런 사정은 헤아리지 않은 채 불만만 쏟아놓는 남편이 원망스러웠다.

그러자 남편이 눈을 껌벅이며 말했다.

"그랬구나. 미안해."

힘들어

;

가끔 누가 더 힘든지를 놓고 경쟁을 벌이는 것만 같다.

"내 입장 돼봤어? 내가 더 힘들어"라는 식.

마음속으로는 답을 안다. 서로를 위해 조금씩 양보하고 이해해주면 된다는 것을. 하지만 가장 믿었던 이에게 나의 힘겨운 처지를 이해 받지 못했다는 배신감으로 답을 비켜가려 한다.

이렇게 아슬아슬해 보이는 승부는 의외로 간단하게 끝나기도 한다.

누구라도 먼저 진심을 끄집어내어 이렇게 말하는 것이다.

"그래, 힘들었겠구나."

부자 아빠의
현장 교육

부자 아빠가 철없는 아들에게 '산 교육'을 시켜주겠다고 마음 먹었다.

그는 어린 아들을 데리고 시골로 갔다. 가난한 사람들이 얼마나 힘들게 사는지 직접 보고 나면 아빠가 얼마나 위대한 사람인지 절실히 깨달을 거라고 믿었다. 아빠와 아들은 찢어지게 가난한 사람의 농장에서 사흘을 지냈다.

아빠는 돌아오는 고급 자동차 안에서 아들에게 물었다.

"어때? 여기서 살아보니까 우리 집하고는 많이 다르지?"

아들이 대답했다.

"재미있었어요."

아빠는 회심의 미소를 지었다.

"그래. 보통 사람들이 어떻게 사는지 알았지?"

"그럼요, 아빠."

"그래서 너는 그 사람들을 보면서 뭘 배웠니?"

아들이 신이 나서 대답했다.

"우리 집에는 개가 한 마리뿐인데, 그 사람들은 네 마리나 키우던데요. 우리 집에는 수영장이 앞뜰에 있는데 그 사람들은 옆에 있는 개울에 뛰어들었어요. 그리고……. 우리 집 정원에는 인테리어 전등이 있는데 그 사람들은 그게 필요 없더라고요. 밤에도 별이 밝아서요."

아들의 비교가 이어졌다.

"우리 식구는 작은 땅 안에 사는데 그 사람들은 한없는 들판에 살았어요. 음……. 우리 집에서는 일하는 아줌마 아저씨들이 우리를 도와주는데 그 사람들은 남을 도와줬고요. 그리고 우리 집은 높은 담장으로 둘러싸여 있는데 그 사람들은 이웃들에게 둘러싸여 지냈어요."

아빠가 망연자실한 채 입을 다물지 못하는데 아들이 한마디 덧붙였다.

"아빠, 고마워요. 우리가 얼마나 가난하게 사는지 알게 해주셔서요."

앞만 보고 너무 빨리 달리느라 우리가 놓쳐버린 것들이 많다.

왜, 어디로 가는지부터 놓쳐버렸다. 그러고는 조바심에 무작정 달려오기만 했다. 잠시 속도를 늦추고 뒤를 돌아보면 놓쳐버린 것들을 조금이나마 되짚어볼 수 있다.

전에는 미처 생각지 못한 것들을 새로운 관점으로 발견할 때도 있다. 그럴 때마다 절로 미소를 짓게 된다.

좋은 일이 일어나려는 전조니까.

놓치다

;

조각가에게는 깎고 파고 다듬는 시간만이 중요한 것은 아니다.

그에 못지않게 한 걸음 물러서서 작업을 바라보는 시간을 갖는 것이

중요하다.

조각가는 그때 놓친 것은 없는지 생각을 거듭하면서 방향을 정한다.

조각품의 결정적인 차이와 가치가 바로 이때 정해진다 해도 과언이

아니다.

일상을 조각하는 우리에게도 한 걸음 물러서서 바라보는 시간이 필

요하다. 일상에서 놓친 것은 없는지, 나라는 작품이 대체 어디로 가

고 있는지 파악할 수 있을 테니.

불요파 불요기 불요회

산골짜기 마을에 신동 소리를 듣는 소년이 있었다. 어른들이
소년에게 권했다.

"이제는 세상에 홀로 나가 더 많은 것을 봐야 할 때가 아니겠
느냐?"

그러나 소년은 망설였다. 홀어머니와 동생들을 남겨놓고 혼
자 도회지로 떠나자니 발걸음이 떨어지지 않았다.

소년은 한 달여를 고심한 끝에 스승을 찾아가 가르침을 청했
다. 스승은 이야기를 듣고는 붓글씨로 세 글자를 써서 소년에게

주었다.

불요파不要怕.

'두려워하지 말라'라는 뜻이었다.

"인생에는 아홉 글자의 비결이 있다고 한다. 내가 오늘 너에게 세 글자를 써주었으니 청년이 될 때까지 이 글자대로 따르면 크게 어려운 일은 없을 것이다."

소년은 스승의 집을 나서며 깨달았다. 더 넓은 세상으로 나아감에, 가족 걱정보다 앞선 것은 마음속 두려움이었다. 알 수 없는 미래에 대한 두려움.

소년은 바다처럼 넓은 세상으로 뛰어들었다. 각지에서 몰려든 친구들과 우정을 쌓으며 실력을 겨루었고 마침내 성공의 문턱에 들어섰다. 당당한 청년이 되어 남 부럽지 않은 사회생활을 시작하게 되었다.

그러나 마음속은 번민의 연속이었다. 넓은 세상에는 내로라하는 인재들이 그야말로 부지기수였다. 성공의 한 계단을 오를 때마다 더 많은 경쟁자와 부딪쳐야 했다. 경쟁에서 뒤질지도 모른다는 조바심이 청년을 초조하게 했다.

명절을 맞이해 고향으로 돌아온 그는 연로한 스승을 찾아가 다시 가르침을 청했다. 스승은 청년의 성공담을 들으며 미소를 지었다. 그러고는 붓글씨로 다시 세 글자를 써서 청년에게 주었다.

불요기不要棄.

'포기하지 말라'라는 뜻이었다.

"이제 너는 여섯 글자를 알게 되었다. 인생의 비결 가운데 3분의 2나 알게 되었으니 크게 부족함은 없을 것이다."

청년은 성급함으로 금방 싫증을 내고 포기하거나 조급함으로 스스로를 몰아가지 않도록 조금 더 진중하게 여유를 가지고 세상을 둘러봐야겠다는 지혜를 얻었다.

세월이 흐르고 청년은 중년이 되었다. 꽤 성공했지만 그 자리에 오르는 동안 마음의 상처도 많이 받았다. 특히 곁에 있던 적지 않은 사람들을 오해나 이해관계의 충돌 때문에 잃어야만 했다. 그럴 때마다 스스로의 한계와 무능력을 자책하기도 했다.

고향에서 연락이 왔다. 스승께서 돌아가셨다는 비통한 소식이었다. 부랴부랴 귀향한 그에게 스승이 남긴 편지 한 통이 건네졌다. 사느라 바빠서 한동안 잊고 있던 인생의 비결 아홉 글자. 그중 마지막 세 글자일 터였다. 편지를 뜯어보니 역시 세 글자가 쓰여 있었다.

불요회不要悔.

'후회하지 말라'라는 의미였다.

젊은 시절 두려움 없이 포기 없이 열심히 살아왔다. 그에 대한 대가 또한 꽤나 치른 것 같다. 아쉬움도 많이 남았다. 그렇지만 어쩌랴. 이미 지나가버린 일인 것을.

중년의 그는, 더는 과거의 일로 후회하지 않기로 했다. 가야 할 길이 여전히 앞에 놓여 있다. 그러니 자꾸 지난 일에 붙들릴 까닭이 없는 것이다.

스승의 유훈이 그의 가슴속에 편안하게 스며들었다.

후회

;

예전에 좋은 곳에서 스카우트 제의를 받은 적이 있다. 몇날 며칠을 고민하다가 거절하고 말았다. 그러고는 나중에 곤란을 겪을 때마다 그 결정을 깊이 후회했다.

'그때 제안을 받아들였더라면…….'

하지만 지금에 와서 생각해보면, 역시 거절하기를 잘했다 싶다. 만일 제의를 받아들였더라면 지금처럼 마음 맞는 사람들을 만나 늘 새로운 일에 도전하는 스릴 넘치는 삶을 살지는 못했을 테니 말이다.

인생이란 묘하게도 살다 보면 '잘한 일'이 '잘못한 일'로 뒤집히는가 하면 '후회한 일'이 '현명한 결정'으로 바뀌는 경우가 많다.

대부분의 후회는, 알고 보면 일시적인 감정일 때가 많다.

크게 생각해야
비로소 보이는 것들

1982년. 한국의 한 젊은 공학도가 미국으로 유학을 떠났다.

캘리포니아 주립대에서 석사 학위를, 버지니아 공대에서 박사 학위를 받은 뒤 공학도라면 누구나 한번쯤 꿈꾸는 미항공우주국(NASA)의 글렌연구센터에서 일하게 되었다. 하지만 그는 NASA에서 일하는 정도에 만족하지 않았다. '미국 최고라는 인정을 받고야 말겠다'라는 꿈을 꾸었다.

NASA에서 여러 차례에 걸쳐 공로상을 받아 2008년에는 NASA 창설 이래 최초의 동양인 출신 국장보가 됐다. NASA의

항공연구 부문 최고 책임자로, 정부의 차관급에 해당하는 직책이다.

그의 이름은 신재원이다. 신재원 박사는 미국인 과학자도 25~30년은 근무해야 노려볼 수 있는 고위직을 19년 만에 따냈다. 그것도 40대 후반의 젊은 나이에.

그는 성공 비결을 묻는 후배들에게 이렇게 강조하곤 한다.

"한 사이즈 더 큰 모자One size bigger hat를 써보면 됩니다. 자기 일 또는 자기가 속한 작은 부서의 업무만 보지 말고 좀 더 큰 조직, 나아가 전체의 시각에서 문제를 바라보는 습관을 가지라는 뜻에서죠."

아르바이터의 전설이 된 이효찬 씨.

그를 다른 식당에 빼앗길까 봐 노심초사한 족발집 사장은 1천만 원짜리 호텔 피트니스 센터 연간 회원권을 끊어주었고, 대형 보험사가 "두 배의 월급을 주겠다"라며 스카우트하려 했지만 거절당했다.

일하는 방식을 보면 경영자들이 그를 왜 탐내는지 알 수 있다. 테이블의 물병에 물이 떨어지기가 무섭게 새 물병을 가져다준다. 가족 모임에 함께 온 아이들이 지루해서 엉덩이를 들썩일 즈음이면 '어린이 무대'를 만들어 장기자랑을 연다. 번호표를 받고 기다리는 손님들에게는 신청곡을 받아 들려주기도 한다.

한 아르바이터의 독창적인 아이디어가 서울의 평범한 족발집을 식사 모임의 명소로 탈바꿈시켜 놓았다. 그는 언론과의 인터뷰에서 아이디어의 원천을 이렇게 털어놓았다.

"손님을 관찰하는 게 비결이에요. 관찰하다 보면 뭐가 필요한지 쉽게 알 수 있어요. 고객이 불러서 가면 심부름에 불과하지만 제가 찾아가면 서비스죠. 저는 아르바이트하는 시간도 인생의 중요한 순간이라고 생각합니다. 중요한 순간을 헛되이 보낼 수는 없죠."

손님의 관점에서 바라보고 생각하는 게 비결이라는 얘기다. 식당의 간판스타로 떠올랐지만 다른 동료들과도 두루두루 친하게 지낸다. 손님에게 팁을 받으면 카운터에 넣거나 휴식 시간에 종업원들에게 음료수를 쏘기도 한다.

내 일만 열심히 하면 된다는 '작은 생각Small think'에서 벗어나 '큰 생각Big think'으로 주변을 둘러보면 결국 남들과 다른 창의적인 생각으로 삶을 바꿀 수 있다는 이야기다.

생각

;

많은 사람이 '나는 잘했는데 왜 인정받지 못할까' 하며 억울해한다.
나만 잘하면 성공할 수 있다는 '작은 생각'에서 헤어나지 못한다.
누군가와 함께 일한다는 것은 톱니바퀴처럼 맞물려 돌아가는 관계
라 할 수 있다. 맞물린 다른 사람들이 어떠한지 살필 줄 아는 여유와
안목이 관계의 윤활유 역할을 해준다.
성공이란 결코 혼자 이룰 수 있는 게 아니다. 나를 넘어 타인과 제대
로 어우러졌을 때에야 비로소 가능하다.

휴일 아침을 포기한
대가로 얻은 것들

그녀는 세 살 연하의 남편과 결혼하면서 다시는 실패하지 않겠다고 결심했다. 그녀는 재혼, 남편은 초혼이었다. 두 사람은 "어떤 길이든 잡은 손을 놓지 않고 함께 가겠다"라고 하객들 앞에서 선서했다.

하지만 선서의 유효 기간은 두어 달 남짓이었다. 그녀나 남편이나 바빠졌다. 회사에서는 '신혼의 즐거움을 눈뜨고 못 봐주겠다'라고 심통이라도 부리는 양 일거리가 몰려들었다. 수시로 주고받던 메시지의 빈도가 사귈 때의 절반 이하로 줄었고, 퇴근하고 만나 저녁을 함께 먹고 돌아오던 즐거움도 시들해졌다. 그런 건 어쩔 수 없다고 받아들였다.

그녀가 납득할 수 없는 것은 모처럼 쉬는 날 남편의 태도였다. 아무리 깨워도 "응!" "알았어" 대답만 할뿐 도무지 일어나지 않았다. 주말여행을 떠나거나 가까운 미술관이라도 가고 싶었던 그녀는 실망했다.

마침내 코페르니쿠스적 전환에 비견할 생각의 변화가 찾아온 토요일 아침. 그녀는 남편을 깨우려다 인내심이 한계에 이르렀다. 그녀는 운동복을 걸치면서 여전히 이불을 뒤집어쓴 남편에게 최후통첩을 했다.

"자는 게 그렇게 좋으면 계속 누워 있어. 나는 나갈 테니까."

무작정 나섰다가 집 근처에서 조그만 브런치 카페를 발견했다. 토스트와 샐러드, 달걀 반숙으로 아침을 먹고 따뜻한 커피 한 잔.

머리 위로 솟았던 뿔이 가라앉는 게 느껴졌다. 커피를 마시며 지나가는 사람들을 구경했다. 모두 각자의 일로 바삐 향하는 각양각색의 사람들.

잠자코 밖을 내다보던 그녀의 뇌리에 문득 익숙한 생각 하나가 끼어들었다.

'그렇게 싸우고 지지고 볶다가 이혼까지 했는데…… 다시는

실패하지 않으리라 결심했는데 어느새 반복하고 있구나.'

그녀는 오랫동안 생각에 잠겼다. 일요일에는 남편이 자도록 내버려두기로 했다. 카페놀이의 즐거움은 혼자로도 충분했다.

한 달쯤 지났을까. 카페에서 잡지를 보다가 독특한 사진을 발견했다. 똑같은 벽시계 두 개가 나란히 걸린 설치미술 작품이었다. 기사를 읽어보니 작품명이 '무제(완벽한 연인들)'였다. 쿠바 출신 미술가 펠릭스 곤살레스-토레스의 작품.

작가는 연인이 시한부 인생을 선고받은 1988년에 작품을 구상했다고 한다. 그는 연인에게 "시계를 두려워하지 말자"라며 이렇게 편지를 보냈다.

"우리는 동기화synchronized되었다. 지금도, 그리고 영원히."

실제로 추시계 두 개를 벽에 나란히 걸어두면, 두 시계가 서로의 진동을 주고받다가 어느 순간에는 추를 일치시켜 동기화된다고 한다. 그녀는 그 대목을 읽으며 고개를 끄덕였다. 언제나 함께 가야 하는 결혼생활과도 비슷한 것 같아 웃음이 나왔다.

하지만 곧바로 마음이 상했다. 기사에는 "동기화된 추가 계속 함께 움직이는 것은 아니다"라는 내용이 이어졌다. 아무리 똑같은 시계가 동시에 작동한다 하더라도 시간이 흐를수록 둘 사이의 시차가 조금씩 벌어지고, 결국 언젠가는 둘 중 하나가 먼저 멈춰버린다는 것이다.

그녀는 남편과의 휴일을 포기한 대신 여유와 자유를 만끽했다. 이제는 주말 아침에 눈을 뜨면 어김없이 카페로 간다. 브런치를 먹으면서 책을 읽거나 태블릿 컴퓨터로 뉴스를 본다. 틈틈이 거리의 사람들을 관찰한다. 그렇게 자기만의 시간을 즐기게 된 뒤로는 남편의 늦잠을 탓할 이유가 없어졌다.

얼마 전부터는 느지막이 일어난 남편도 브런치를 먹으러 카페로 온다. 그녀와 남편의 휴일이 동기화되는 순간이다.

그녀는 '완벽한 연인들'을 창조한 곤살레스-토레스 역시 동기화의 한계를 깨달았을 거라고 생각한다. 실제로도 두 사람은 한결같은 시간을 공유할 수 없었다. 그의 연인은 작품이 공개된 지 3년 만에 세상을 떠났다.

정밀한 부속품으로 만들어진 시계마저 한날한시에 맞춰놓아도 조금씩 어긋나는 게 자연의 섭리다. 마침내는 어느 한쪽이 먼저 멈출 수밖에 없다.

그녀는 주말 아침에 혼자만의 시간을 보내는 동안 엉뚱하게도 삶이 유한하다는 것을 깨달았다. 아무리 완전한 관계일지라도 언젠가는 어느 하나가 먼저 떠나게 마련이라는 숙명.

결혼생활 또한 결국은 각자의 삶을 살아가는 것이다. 동기화

되어 함께 갈 때도 있지만 어느 순간에는 멀어지기도 한다. 그러다 어떤 계기로 다시 동기화되기도 하고 궁극적으로는 헤어질 수밖에 없는.

삶이 그처럼 덧없는 것이기에, 영원히 함께할 수는 없기에, 지금 나의 사람이 더욱 사랑스러운 것이 아닐까.

오
늘
약
말

전환

;

후배가 들려준 이야기다. 30년 넘게 다른 문화에서 성장해온 두 사람은 각자의 차이를 이해하지 못하고 '잘못'으로 인식했다가 상당한 신경전을 감수해야 했다.

많은 부부가 자기 고집만 내세우며 상대를 뜯어고쳐 자기 틀 안에 맞추려고 한다. 이 대목에서 필요한 게 사고의 전환이다.

상대를 있는 그대로 내버려두고 자기 몫의 즐거움은 혼자서라도 즐기겠다는 선택.

그런 여유가 동기화로 연결되어 상대의 변화까지 자연스럽게 이끌어낸다.

데이모스의 법칙

1. 사람들은 하루에 5만～6만 가지 생각을 한다.

그중에서 90퍼센트 이상은 쓸데없는 걱정이다. 또한 쓸데없는 걱정 가운데 90퍼센트 이상은 이미 어제도 했던 걱정이다.

2. 열심히 한 것 같지만 그중 10퍼센트만 제대로 한 일이다.

90퍼센트는 불필요한 걱정에서 비롯된 구태의연한 활동일 뿐이다. 단, 생산직을 비롯한 일부 업종은 제외.

3. 따라서 일상의 10퍼센트만 잘 살려도 최고가 될 수 있다.

그러나 대다수 사람들은 90퍼센트의 쓸데없는 생각에 매달려 시간을 허비한다.

4. 대부분의 사람은 엄숙주의자로 비춰지기를 바란다.

고통은 아름다우며 인내가 미덕이라는 신앙을 가지고 있다. 그런 믿음이 간혹 흔들리면 심한 죄책감에 사로잡혀 자신을 책망한다.

5. 데이모스는 걱정의 신이다.

데이모스를 섬기는 이는 심각하고 엄숙하며 때로는 폭발 직전이다. 걱정의 신 데이모스는 공포의 신, 불화의 신, 싸움의 여신과 늘 함께 다녔다고 전해진다.

걱정은 한편으로는 에너지로 작용한다. 오늘에 안주하지 않고 내일을 걱정하기에 발전이 있다.

하지만 기억하자. 발전적인 걱정은 전체 걱정 가운데 10퍼센트에도 못 미친다는 것을.

걱정

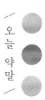

;

걱정의 대부분이 쓸데없는 까닭은 그 중심에 '나 자신'보다 '남의 눈'이 있기 때문이다. '남의 눈'을 의식하면서 동시에 '남의 앞날'까지 대신 걱정해준다.

걱정은 서로 나누어 반으로 줄어드는 게 아니라 몇 배나 불어나 양쪽을 힘들게 할 때가 많다. 오랜만에 만나도 서로의 걱정거리를 걱정해주다가 좋은 시간을 다 보내고 만다. 특히 명절이 그렇다.

걱정하는 에너지의 10퍼센트만 다른 데로 돌려도 더 즐겁고 창의적으로 살아갈 수 있지 않을까.

그러니까 엄마, 이제 다 큰 자식 걱정은 그만 내려놓고 엄마를 위해 즐거운 하루를 살아요.

78

그냥

묻지도 따지지도 말고
그냥 해봐

적성에 안 맞는 전공 때문에 고민인 대학생이 우연한 기회에 목공 일에 관심을 갖게 되었다. 소목공을 배워 가구 만드는 일을 해보고 싶었다.

하지만 선뜻 부모님께 말할 용기가 나지 않았다. 게다가 목공 일을 한다 한들 잘할 수 있을지 확신도 서지 않았다. 해보고는 싶지만 직업으로는 불안정할 것도 같았다.

그는 고민 끝에 신문에 진로 칼럼을 연재 중인 교수를 찾아가 상담을 청했다. 교수는 그의 이야기를 듣고 칭찬을 해주었다.

"요즘 젊은이들은 인기 직업에만 관심을 갖는데 목공 일에 도
전해보고 싶다니 주관이 뚜렷하군. 자기 재능을 일찌감치 발견
한다면 행복한 일이지."

교수는 그토록 목공에 관심이 있다면 돈을 받지 않고라도 현
장에서 일을 배워보라고 권했다. 아니면 아르바이트 일거리를
구해 체험부터 하라고 조언했다.

학생이 주저하며 말했다.

"잘 모르겠어요. 목공을 제대로 하려면 전공부터 바꿔야 하는
게 아닌가 싶기도 하고…… 앞으로 그 일을 하는데 지금 전공이
시간 낭비인 것만 같고…… 혼란스럽습니다."

교수가 학생을 물끄러미 바라보다가 물었다.

"두 종류의 사람이 있지. 하나는 영어를 제대로 배워 문법까지
완벽해야 외국인과 대화를 할 수 있다는 사람, 다른 하나는 되든
안 되든 몸으로 직접 부딪쳐 손발 다 써가며 대화하는 사람. 둘
중에 누가 더 빨리 영어에 익숙해질까?"

학생이 머뭇거리자 교수가 대신 말했다.

"당연히 몸으로 직접 부딪치는 사람이지. 왜냐하면 그런 사람
들은 실수를 두려워하지 않거든."

학생이 쭈뼛거리며 핑계를 댔다.

"그렇지만 목공 일을 한다고 얘기하면 부모님이……."

교수가 그럴 줄 알았다는 듯 말했다.

"당연히 실망하실 수도 있겠지. 그렇지만 이 문제에서 중요한 건 부모님의 실망이나 체면 같은 게 아니라네. 앞으로 수십 년 동안 살아갈 자네 인생이 걸린 일이야. 그렇다면 어떻게든 도전해봐야지. 일단 해봐야 시행착오를 거듭하면서 그게 자네 일인지 확인할 수 있는 거 아닐까?"

우리는 고민하는 시간의 상당 부분을 어떤 일을 시작하기 위해서가 아니라 할까 말까 망설이는 데에 허비한다고 한다. 그래서 인생 선배들은 머뭇거리면서 시간을 낭비하기보다 불완전하더라도 일단 시작부터 해보라고 조언한다. 망설이며 한 발짝도 내딛지 못하는 것보다 나은 선택이니까.

보름쯤 뒤에 학생이 커피 두 잔을 사들고 교수의 연구실에 나타났다. 밝은 표정이었다.

"부모님께 말씀드렸더니 의외로 허락을 해주셨어요. 취직하는 것도 좋겠지만 평생 동안 할 수 있는 일에 도전해보는 것도 괜찮겠다고요."

목공 장인을 수소문해 일주일에 세 번씩 일을 배우기로 했으며 진로는 나중에 졸업을 앞두고 심사숙고해 정하기로 했다고 한다.

학생은 교수의 이야기 중에 '실수를 두려워하지 말고 시행착

오를 거듭하라'라는 대목에 귀가 뻥 뚫렸다며 감사의 인사를 전했다. 그래서 묻지도 따지지도 말고 그냥 해보기로 했단다.

많은 사람이 평온한 인생을 꿈꾼다. 아무 탈 없이 걱정 없이 살아가기를 바란다. 하지만 굴곡 없는 인생이 행복할 것이라는 생각은 착각일 뿐이다. 그것은 바람직한 삶이 아니라 정체되고 지루한 삶이다.

우리는 눈앞에 닥친 어려운 문제를 고민하고 해결하며 한 걸음씩 앞으로 나아가는 과정을 통해 성취와 보람을 느낀다. 따라서 지금 어려움을 마주하고 있다면, 그 문제를 풀기 위해 고민하고 있다면, 그것은 한 뼘 더 성장하고 있다는 증거다.

그냥

;

꾸준히 노력하면 누구든 정상에 오를 수 있다는 '1만 시간의 법칙'이 틀렸다는 미국의 연구 결과가 나왔다. 사실은 노력보다 타고난 재능이 훨씬 중요한 요인이라는 것이다.

'천재는 99퍼센트의 노력과 1퍼센트의 영감으로 이뤄진다'라는 에디슨의 명언도 엄밀히 말하면 '99퍼센트의 노력도 1퍼센트의 영감 없이는 의미가 없다'로 해석해야 한다는 것이다.

그런데 이보다 더 중요한 사실 한 가지. 해보지 않고는 어느 누구도 재능이 있는지, 얼마나 노력을 해야 하는지 알 수 없다는 것이다.

그러니까 무조건 해보는 것이 먼저다. 묻지도 따지지도 말고 그냥.

바위를 미는 남자

시골의 작은 집에 매일 기침을 하는 병약한 남자가 살았습니다.

그의 집 앞에는 큰 바위가 있었는데 그 바위 때문에 집을 드나드는 게 매우 번거로웠습니다.

어느 날, 신이 나타나 말했습니다.

"희망을 가져라. 네 집 앞의 바위를 매일 밀어라! 편안해질 것이다."

그날부터 그는 희망을 가지고 매일 바위를 밀었습니다.

1년이 지났습니다. 그의 마음에 강한 의구심이 생겼습니다. 그래서 바위의 위치를 재보았습니다. 그 결과 바위가 1센티미터도 움직이지 않았다는 사실을 알게 되었습니다.

그는 지난 1년의 헛수고가 원통해 현관에 앉아 엉엉 울었습니다. 그때 신이 찾아와 그의 옆에 앉으며 물었습니다.

"왜 우느냐? 뭐가 그렇게 슬픈 것이냐?"

그가 말했습니다.

"당신 때문입니다. 말한 대로 지난 1년 동안 희망을 품고 바위를 밀었는데 바위는 꿈쩍도 않고 그 자리입니다. 헛수고를 한 거죠."

신이 온화하게 웃으며 말했습니다.

"나는 네게 바위를 옮기라고 한 적이 없단다. 그냥 바위를 밀라고 했을 뿐이야."

그러고는 그에게 거울을 내밀었습니다.

"거울에 비친 너 자신의 모습을 살펴보려무나."

그는 거울을 받아들고 들여다보았습니다. 그러고는 깜짝 놀랐습니다. 거울에 비친 남자는 자신이 알던 파리하고 병약한 모습이 아니었습니다. 혈색 좋고 다부진 낯선 남자가 거울 속에서 믿을 수 없다는 표정을 짓고 있었습니다.

남자는 지난 시간들을 돌이켜보고 나서야 어떻게 된 일인지 깨달았습니다.

생각해보니 신기한 일이 한두 가지가 아니었습니다. 지난 1년간 기침도 거의 안 하고 편안하게 잠들었으며 아침에는 상쾌한 기분으로 일어났습니다.

신이 의도한 것은 바위를 옮기는 게 아니라 그를 변화시키는 것이었습니다. 하루도 쉬지 않고 바위를 힘껏 밀면서 그의 병약했던 몸이 튼튼해진 것입니다.

이처럼 우리 삶에서는 꾸준하게 해내는 과정이, 뭔가를 이뤄내려는 목표만큼이나 중요할 때가 있다. 목표에만 집착한다면 정작 그걸 이루고 나서는 허무해질 수도 있다. 또한 다른 목표를 찾지 못한다면 초조해질 수도 있다.

그러나 꾸준하게 해내는 과정 자체를 사랑한다면 하루하루가 즐거울 것이다. 아마도 그런 일상이 '잘 살고 있구나' 하는 만족을 우리에게 안겨주는 게 아닐까.

과정

;

어떤 일을 하다 보면 의외의 소득을 건질 때가 있다.

그 일과는 직접 관계가 없지만 중요한 아이디어가 떠오른다거나 생각지도 못한 사람에게 도움을 받기도 한다. 때로는 낯선 이를 만나 막역한 사이로 발전하는 등 뜻밖의 인연을 만나기도 한다.

이 모든 일이 '과정'에서 생긴다. 그래서 어떤 일을 달성하겠다는 목표보다 그것을 하는 과정이 더욱 즐거울 때가 많다.

금맥을 터뜨린
마지막 곡괭이질

전남 광양이 한때 한국 최대의 금金 생산지였다는 사실을 아는 사람은 많지 않다. 일제 강점기인 1930년대에만 해도 백운산 자락에 10여 개의 광산이 있었다고 전해진다. 특히 사곡면 본정광산은 당시 국내 2위의 금광으로, 2천여 명의 광부들이 매달 6천여 톤의 광석에서 85킬로그램에 달하는 금을 뽑아낼 정도로 규모가 컸다고 한다. 해방이 되자 일본 사람들이 광산을 버리고 도망을 갔다. 광산의 운영은 이미 기울대로 기운 뒤였다. 마을마다 산은 구멍 송송 뚫린 벌집처럼 흉한 몰골로 변해 있었다.

🍃 🍃 🍃

　1954년, 이 마을 출신 하태호 씨는 그래도 금맥金脈을 찾겠다는 꿈을 버리지 못했다. 매일 아침 일찍 집을 나서 해가 저물 무렵에야 산에서 내려오곤 했다.

　그는 동료들과 함께 광양광업주식회사를 세워 금맥으로 추정되는 곳을 열심히 팠다. 하지만 금은 나오지 않았다. 금이 있을 만한 곳은 일본 채굴업자들이 지하 500미터까지 파내려간 뒤였다.

　동료들은 지치기 시작했고 하나둘 짐을 꾸려 떠났다.

　"소용없을 거야. 일본인들이 바닥까지 훑어갔으니 남은 게 있을 턱이 없지."

　자금을 댔던 사람들마저 한숨을 지었다.

　하태호 씨도 지쳐갔다. 쌀을 사 먹을 돈마저 바닥을 드러냈다. 하지만 그는 포기할 수 없었다. 꿈이 그를 붙들고 놓아주지 않았다. 그래서 동료들에게 말했다.

　"오늘만 파보고 안 되면 포기하자."

　그러나 실패.

　다음 날 이렇게 말했다.

　"어제 꿈이 괜찮았어. 오늘 하루만 더 파보자."

그러나 또 실패.

하태호 씨가 광산 일을 하면서 다년간 쌓은 경험에 비춰보면 틀림없이 금맥이 있을 곳이었다. 하지만 아무리 파고들어가도 흔적이 보이지 않으니 답답한 노릇이었다.

"미안하지만 반나절만 해보자."

역시 실패.

그런 식으로 몇날 며칠이 흘렀고 마침내 식량마저 떨어지고 말았다. 하태호 씨는 체념한 동료들에게 간곡하게 말했다.

"그래. 포기하자. 그래도 떠나기 전에 곡괭이질 한 번만 더 해보자. 이게 진짜 마지막이다."

그 마지막 곡괭이질에 금맥이 터졌다.

하태호 씨의 광산에서는 첫 달에 30킬로그램의 금을 생산했으며, 최대 생산량이 일제 강점기보다 높은 월간 120킬로그램에 이르기도 했다.

그의 광산은 1960년대 초에 금 수출 전성기를 이뤄 외화벌이의 창구로 각광받았고 한국 경제에도 큰 기여를 했다.

하태호 씨는 벌어들인 돈으로 초등학교를 지어 기부하는가 하면, 임진왜란 때 화재로 소실된 신라시대 유적 중흥사를 재건하는 등 사회 환원에도 앞장섰다.

그래도

;

때로는 진을 쏙 빼는 말이다. 그래도 포기하지 마, 그래도 한 번만 더 해보자, 라는 말이 '결코 한 번으로 끝나지 않는다'라는 것을 잘 알기 때문이다.

그럼에도 '그래도'라는 말에는 순진하리만큼 맑은 의지가 묻어나 한 번쯤 더 시도해보게 만드는 마력이 있다.

남다른 결과를 이뤄낸 사람 가운데 그저 재미에 흠뻑 빠져 시간 가는 줄 모르게 성공했다는 이는 드물다. 세상의 거의 모든 성취는 지루함을 견뎌낸 힘에 있다.

지쳐 포기할까 망설이다가 '그래도' 한 번만 더 해보려고 돌아서는 접속어로 다음이 연결된다. 이 과정을 지긋지긋하게 되풀이하고서 야 실마리가 풀린다.

최악의 순간을
사진으로 남기다

"인생이 뭐라고 생각하느냐고요?

내가 감독한 영화 〈일대종사〉에 이런 대사가 있어요.

'한 걸음 한 걸음 앞으로 나아가다가,

이만큼이나 왔으니 이젠 다 왔네 하고 뒤를 돌아봤을 때,

내가 걸어오지 않았던 다른 풍경이 보이는 것.'

나는 그런 게 바로 인생이라고 생각해요."

－ 영화감독 왕가위 인터뷰 중에서

뒤돌아보다

;

오래전 사진들을 꺼내 보다가 든 생각 하나.

자랑할 만한 순간이나 멋진 순간만 '인증샷'으로 남겨놓을 게 아니라 힘들었던 순간, 최악의 기억을 떠오르게 하는 물건도 사진으로 남겨놓으면 어떨까.

이를테면 엉망인 성적표, 헤어지자는 연인의 문자, 연체 고지서, 거래처의 부도난 수표 같은 것들. 당시에는 고통스럽겠지만 시간이 지나면 그 고통은 틀림없이 달라질 것이다.

'맞아. 이런 날도 있었지' 하는 위안이 될 것이다.

안 좋은 기억 또한 내가 걸어온 인생의 좌표가 될 수 있다. 언젠가 최악의 순간을 찍은 사진들을 모아놓고 그 시간을 잘 건너왔음을 되새겨보면 뿌듯하지 않을까? 슬픔과 좌절의 기록이 아니라 지난날의 훈장처럼, 혹은 제대로 안녕하며 미련 없이 작별을 고하는 시간을 가져보는 것이다.

II

힘이 되는

아름다운 그림 하나

시장의 작은 분식점에서 찐빵과 만두를 만들어 파는 엄마가
있었다.

어느 일요일 오후, 아침부터 꾸물꾸물하던 하늘에서 후드득
비가 떨어지기 시작했다. 소나기인줄 알았다. 그런데 한 시간이
지나도 비가 그치기는커녕 빗발이 점점 굵어지기만 했다. 엄마
는 미술학원에 있을 딸 생각이 났다.

서둘러 가게를 정리한 뒤 큰길로 나와 우산 두 개를 샀다. 그
리고 딸이 다니는 미술학원으로 달려갔다.

"아차!"

엄마는 학원 문을 열고 들어서려다 말고 깜짝 놀라 발걸음을 멈추었다. 일할 때 입는 후줄근한 옷에 낡은 슬리퍼, 앞치마에는 밀가루 반죽이 덕지덕지 묻어 있었다. 아무리 봐도 영락없는 시장 아줌마 꼴이었다.

예민한 딸이 혹시나 창피를 당하지 않을까 걱정이 됐다. 그래서 건물 아래에서 수업이 끝나기를 기다렸다.

얼마나 지났을까. 우산 너머 3층의 학원을 올려다본 엄마의 눈에 딸의 모습이 들어왔다. 딸은 창가에 나타났다가 뭔가에 이끌리기라도 한 듯 아래쪽을 내려다보았고 엄마와 눈이 마주쳤다.

엄마는 반가운 마음에 손을 흔들었다. 하지만 딸은 못 본 척 재빨리 몸을 숨겼다. 엄마의 초라한 모습을 친구들에게 들키고 싶지 않은 것 같았다.

엄마는 마음이 아팠지만 그냥 돌아가려 했다. 하지만 딸이 비를 쫄딱 맞고 집에 돌아온다면 그 역시 안쓰러울 것 같았다.

때마침 창가에 딸의 얼굴이 다시 나타났다. 하지만 엄마가 손을 흔들려는 순간 이내 사라졌다. 잠시 뒤 딸이 고개를 내밀어 아래를 바라보았다. 그러고는 또 숨어버렸다. 그러기를 몇 차례. 딸은 엄마가 여전히 기다리는지 확인하려는 것 같았다.

기다리지 말라는 태도임이 분명했다. 결국 엄마는 실망만을

안은 채 집으로 돌아오고 말았다.

그로부터 한 달이 지났다. 엄마는 미술학원에서 학생들의 작품을 전시한다는 초대장을 받았다. 어찌해야 할까를 놓고 한나절을 망설였다.

저녁 무렵에야 결심이 섰다. 어쨌든 가봐야 할 것 같았다. 그리고 딸의 작품을 보고 싶었다. 일을 마치고 부랴부랴 미술학원으로 갔다.

"벌써 끝나버렸으면 어쩌지……."

다행히도 전시회는 아직 열리고 있었다.

벽에는 학생들이 그린 그림들이 빼곡하게 걸려 있었다. 그림을 하나하나 훑어보던 엄마는 한 그림 앞에서 걸음을 멈출 수밖에 없었다. 엄마는 말문이 막힌 채 그저 멍하니 그림을 바라만 보았다.

거기에는 비 내리는 날 우산을 들고 위를 올려다보는 여인 한 명이 있었다. 밀가루 반죽이 허옇게 묻은 앞치마에 낡은 슬리퍼를 신고 있었다.

비록 초라한 차림새였지만 기분 좋은 웃음을 짓는 여인이었다.

웃음
;

어떤 웃음인지 그림을 보지 않아도 짐작할 수 있다. 그림을 그리는

내내 딸의 얼굴 또한 그 웃음을 닮아 있지 않았을까. 보는 사람으로

하여금 기분이 좋아지게 만드는 웃음.

딸이 관찰한 엄마의 표정은 조금씩 바뀌었을 것이다. 처음에는 딸을

발견한 반가움이었다가 딸이 외면하는 듯하자 짐짓 당황하는 그러

나 여전히 걱정과 애정을 담은 미소.

그 모든 표정의 변화를 품은 엄마의 애정이 화폭에 담겨 있을 것이

다. 있는 그대로의 엄마 모습. 그래서 더욱 아름다운 그림 한 점이

탄생하지 않았을까.

두 아기가 일으킨
기적

1995년 10월, 미국 매사추세츠 주 메모리얼 병원에서 쌍둥이 자매가 태어났다. 이름은 카이리Kyrie 와 브리엘Brielle.

두 아이는 예정일보다 12주, 약 3개월이나 일찍 태어난 조산 아였다. 쌍둥이는 각각 인큐베이터 안에 들어갔다.

그런데 두 아이의 운명이 엇갈렸다. 카이리는 어려운 고비를 넘기고 여느 아이들처럼 건강해졌으나 브리엘은 그렇지 못했 다. 의사들은 브리엘이 심장에 큰 결함을 안고 태어났다는 사실 을 발견했다.

브리엘을 살리기 위해 다양한 시도가 이어졌지만 상태는 점점 나빠지기만 했다. 마침내 의사들은 브리엘을 살리는 게 불가능하다고 판단했다. 더는 손을 쓸 방법이 없었다.

게일Gayle이라는 베테랑 간호사가 있었다. 그녀는 의사들이 사실상 포기한 신생아에게 왠지 모르게 마음이 자꾸 끌렸다. 그러다가 마침, 허약한 쌍둥이를 함께 두었더니 둘 다 건강해졌다는 내용의 유럽 논문을 본 기억이 떠올랐다.

게일은 그 기록을 찾아 의사들을 설득했다. 원래 두 아기가 엄마 배 속에서 꽤 긴 시간 함께였으니 따로 두지 말고 함께 지내도록 해보자는 의견이었다. 두 아이를 하나의 인큐베이터로 옮겨보자는 것.

병원의 방침에 어긋나기에 의사들은 잠시 고민했다. 그러나 다른 뾰족한 방법이 없으므로 결국 엄마의 동의를 얻어 두 아이를 한 인큐베이터 안에 나란히 눕히기로 했다.

생후 한 달이 되어갈 무렵이었다. 이상한 일이 일어났다. 건강한 아기 카이리가 팔을 뻗어 죽어가던 아기 브리엘의 어깨를 감싸 안았다. 그러자 뚜렷한 이유도 없이 브리엘의 혈압이 정상으로 돌아오며 심장 박동이 안정을 되찾기 시작했다. 체온 역시 정상으로 돌아왔다. 의사들은 기계의 오작동을 의심했다.

한데 그뿐이 아니었다. 브리엘의 혈압, 심전도, 심박 수, 체온, 호흡수 같은 모든 생체 신호가 카이리와 비슷해졌다. 의사들은 그제야 기계 오작동이 아닌, 두 아기가 일으킨 기적이라는 사실을 알게 되었다.

불가능

;

기적 때문에 그 의미가 가려진 단어.

하지만 모든 일에는 이면이 있기에 이 또한 의미가 있다.

애초에 불가능이란 없다는 주장도 있다. 불가능하다는 뜻의 영어 단어 'impossible'에 점 하나만 찍으면 정반대의 뜻을 지닌 'I'm possible(나는 할 수 있다)'로 바뀐다.

불가능을 가능으로 바꾸는 기적에는 예외가 없다. 그 출발은 먼저 손을 내미는 것이다. 세상의 모든 기적은 서로를 향해 손을 내미는 것에서부터 시작된다.

벌금형에
동참해주세요

1930년의 뉴욕.

1929년 대공황으로 실직자들이 거리에 넘쳐나던 때였다. 상점에서 빵 한 덩어리를 훔치다가 절도 혐의로 기소된 노인이 재판을 받게 되었다. 판사가 노인에게 정중하게 물었다.

"전에도 빵을 훔친 적이 있습니까?"

노인이 고개를 가로저었다.

"아닙니다. 처음 훔쳤습니다."

"왜 훔쳤습니까?"

노인은 자신의 처지를 설명했다.

"저는 선량한 시민으로 열심히 살았습니다. 그런데 갑자기 실직을 했지요. 나이가 많다는 이유로 새 일자리를 얻을 수가 없었습니다. 돈은 떨어졌는데 배는 고프고…… 저도 모르게 빵을 훔쳤습니다. 잘못했습니다."

판사는 잠시 뒤에 판결을 준비했다.

"아무리 사정이 딱하다 해도 남의 물건을 훔친 것은 잘못입니다. 법은 만인에게 평등하고 예외가 없습니다. 그래서 법대로 할수밖에 없습니다."

그리고 노인을 한 번 쳐다보고는 판결을 내렸다.

"피고에게 10달러의 벌금형을 선고합니다."

방청석이 술렁였다. 한 푼도 없어 빵을 훔쳐야 했던 노인에게 10달러 벌금이라니. 판결이 너무한 것 아니냐는 볼멘소리가 터져나왔다.

판사는 술렁임이 가라앉기를 기다렸다.

"이 노인은 이곳 재판정 밖으로 나가면 또다시 빵을 훔치게 되어 있습니다. 한 푼도 없으니까요."

그러고는 이렇게 말을 이었다.

"하지만 빵을 훔친 것은 오로지 이 노인만의 책임은 아닙니다. 이 도시에 살고 있는 우리 모두에게도 책임이 있습니다. 이 노인이 어려운 상황임에도 아무런 도움을 주지 않고 방치했으니까요. 그래서 저에게도 10달러의 벌금형을 내리겠습니다."

그는 벌떡 일어나 지갑에서 10달러를 꺼내 모자에 담았다. 그런 뒤에 방청석을 향해 말했다.

"나는 이 법정에 앉아 있는 여러분께도 50센트의 벌금형에 동참해주실 것을 권고합니다."

놀라운 판결이었다.

그렇게 벌금으로 거둬진 돈이 모두 57달러 50센트였다. 노인은 그 돈을 받아 10달러를 벌금으로 냈다. 그러고는 남은 47달러 50센트를 손에 쥐고 감격의 눈물을 흘리며 법정을 떠났다.

이처럼 유쾌하고도 감동적인 판결을 내린 이는 피오렐로 라과디아Fiorello La Guardia 판사다. 그는 1933년부터 1945년까지 12년 동안 뉴욕 시장을 세 번이나 맡아 사람들을 행복하게 해주었다. 그러나 시장 재직 중에 안타깝게도 비행기 사고로 순직하고 말았다.

뉴욕에는 세 개의 공항이 있는데, 그중 하나가 그의 이름을 따서 만든 '라과디아 공항'이다.

유쾌하다

;

심리학자들은 우리 내면의 유쾌함이 다른 이를 돕도록 부추긴다고 분석한다. 유쾌함은 또한 우리를 보다 창조적인 사람으로 만든다. 라과디아 판사의 독창적인 판결이 그렇다. 노인에게 원칙대로 판결을 내리고 스스로에게도 벌금형을 선고한 탁월한 감각. 그의 판결은 방청객들에게 공감과 동참을 이끌어내 감동의 드라마를 연출했다. 현명한 판사의 유쾌한 발상이 한 사람의 잘못과 불행을, 여러 사람의 즐겁고 보람 있는 선행으로 바꾼 셈이다.

'언젠가는'이란
없는 날과 같다

"어때? 어울려?"

시누이가 모피 코트를 입고 돌아섰다.

"네. 딱 맞네요. 재벌가 사모님처럼 보여요."

그녀의 대답에 시누이가 흡족하게 웃으면서 모피를 벗어 자기 몫으로 쌓아둔 옷들 위에 올려놓았다. 시어머니와 체격이 비슷한 시누이가 쓸 만한 옷들을 주로 챙겼다.

시어머니가 돌아가신 지 열흘이 지났다. 눈물도 말라버렸고 이제는 시누올케 간에 농담을 주고받을 여유까지 생겼다. 시댁

어른이 안 계시는 일상에 이렇게 적응하게 되는 모양이다.

"무슨 옷이 이렇게 많은 거야? 엄마는 걸핏하면 너희 키우느라 아무것도 못 하고 살았다더니 우리 몰래 별의별 것을 다 사다 날라놨네."

시누이가 흉을 보자 그녀가 시어머니 편을 들어주었다.

"오래된 옷들이 대부분인데요 뭘."

그녀가 옷장 안쪽을 더듬다가 포장도 뜯지 않은 화려한 무늬의 스카프 하나를 발견했다. 시누이가 깜짝 놀라며 낚아챘다.

"어머나! 이거 에르메스 아냐?"

시누이가 스카프를 꺼내 이리저리 살피다가 선심을 쓰듯 그녀에게 내밀었다. 크기가 꽤 커서 상당히 비쌀 것 같았다. 그녀는 안 어울린다며 극구 사양했다. 그런데도 막무가내로 주머니에 쑤셔 넣어주는 시누이.

"그동안 제일 고생했잖아. 그리고 이건 새거니까……."

그녀는 스카프를 손에 들고 물끄러미 바라보다가 나지막이 혼잣말을 했다.

"뭐라고?"

시누이가 물었다.

"아녜요. 그냥. 어머니 생각이 나서요. 예쁘고 비싼 스카프잖아요. 특별한 날에 하려고 애지중지하신 것 같아서요. 그런데 차

마 쓰지도 못하시고는……."

그녀의 말에 시누이가 농담을 했다.

"자기 주려고 애지중지하셨을 거야. 그러다 깜빡한 거지."

그녀는 집에 돌아와 주방을 뒤져 은수저 세트를 찾아냈다. 결혼할 때 장만하고는 아긴다며 한 번도 쓰지 않았다. 시커멓게 변색되어 있었다. 베이킹 소다로 깨끗하게 닦아주었다. 찬장 안쪽에 넣어둔 예쁜 그릇 세트와 다기도 전부 끄집어냈다.

남편이 저녁을 먹으면서 물었다.

"이게 다 뭐야? 새로 산 거야?"

"사긴. 찬장 안쪽에서 잠자던 걸 전부 깨운 거지."

의아해하는 남편에게 오늘 있었던 일을 들려주었다.

"어머니 유품 정리하다 보니까, 그렇더라. 언젠가 특별한 날에 쓰겠다는 생각에 좋은 걸 숨겨놓고 애지중지하다가 제대로 만져보지도 못하고……. 그래서 이제는 좋은 걸 마구 애용하면서 잘 살아보려고."

그녀는 고급 다기로 차를 우려내면서 시어머니가 마지막으로 주고 간 메시지를 생각해보았다.

'언젠가는'보다는 '지금 이 순간'을 의미 있게 채우는데 노력해야 한다는 것. 아직 오지 않은 미래에 저당 잡히거나 지나간 날들이 아쉬움이 되어서는 안 된다는 것. 일상은 매일의 소중한 경험이 쌓여 이루어진다는 것.

그러자 남편이 호기롭게 말했다.

"말 나온 김에 나도 좋은 것 좀 쓰자. 우리 디지털 카메라 후졌잖아. 새로 나온 쌈박한 거 봐둔 게 있는데 말이야……."

아내의 표정이 변한 것을 눈치 채고 남편의 목소리가 희미해졌다.

애지중지

;

아끼다가 제때 써보지도 못하는 물건이나 지나치게 감싸 키운 나머지 외려 삐딱선을 타는 자식을 일컬어 쓰는 표현이기도 하다.

겉으로는 아끼는 모양새지만 마음속에서는 '거리가 있음'을 의미하는 게 아닌가 싶다.

지인에게 이 이야기를 듣고 나 또한 다르지 않음을 깨달았다. 곧바로 행동에 옮겼다. 집에 돌아오자마자 옷장을 열어 특별한 날 입으려고 장만해둔 옷들을 꺼냈다. 두어 번이나 입었을까. 하루는 그 옷을 입고 약속에 나갔더니 사람들이 묻는다.

"오늘 무슨 날이야? 특별한 일이라도 있어?"

"아니. 별일 없어."

대답해주면서 나는 속으로 생각했다.

오늘이 바로 그, 특별한 날이라고.

특별한 날을 위해 마련한 옷을 입고 나왔으니까.

괜찮아, 친구잖아

'당신에게 친구는 어떤 의미입니까?'

외국의 한 출판사에서 '친구'라는 단어를 가장 잘 나타내는 표현을 공모했다. 수많은 아이디어가 쏟아져 들어왔다.

'언제 만나도 반가운 사람'
'기쁨과 슬픔을 나눌 수 있는 사람'
'나를 가장 잘 이해해주는 사람'

......

어떤 표현이 1위를 차지했을까?

그가 중학교 3학년 때 조별로 역할을 분담해 준비하는 과제가
있었다. 친한 아이들끼리 서너 명씩 조를 짰다.

그리고 어디에도 속하지 못한 아이 하나. 아이는 고개를 반쯤
숙인 채 눈치만 봤다. 작은 키에, 해진 엉덩이를 기운 교복 바지,
자신감이라고는 찾아볼 수 없는 목소리. 성적도 바닥이었으니
어느 누구도 말을 걸어주지 않았다.

그렇게 존재감이 없는 애를, 선생님이 그의 조에 끼워 넣었다.
그가 반장이라는 이유에서였다. 조원들 모두 얼굴을 찌푸렸다.

휴일 아침 과제 모임에 아이가 나타나자 누군가 말했다.

"쟤, 정말로 왔네?"

"그러지 마."

그가 친구들의 눈총을 무릅쓰고 아이를 빈자리로 불렀다.

햄버거와 음료 값을 모으는데 그 아이의 주머니에서는 동전
한 푼 나오지 않았다. 어쩔 줄 모르는 아이에게 여자아이 하나가
쏘아붙였다.

"너, 돈도 안 갖고…… 여기는 왜 왔니?"

그 말에 모두가 웃음을 터뜨렸다.

어쩔 수 없이 그가 아이 몫까지 부담해야 했다.

모임을 마치고 헤어지는데 아이가 그를 졸졸 따라왔다. 다른 친구들이 없는지 둘러보고 나서야 주눅이 든 목소리로 그에게 말했다.

"고…… 고마워."

그는 뭐라고 딱히 할 말이 없어서 이렇게 대답해주었다.

"괜찮아, 친구잖아."

그의 친구라는 말은 그저 '같은 반이잖아' 정도의 뜻이었다. 문제는 아이가 그 말을 진심으로 알아들었다는 점이다. 하교할 때마다 그를 따라다니기 시작했다. 그의 친구들이 면박을 주었지만 아이는 아랑곳없이 한두 발짝 떨어져 쫓아다녔다.

중학교를 졸업할 때까지 이처럼 묘한 관계가 이어졌고 서로 다른 고등학교에 배정을 받으면서 헤어지게 되었다.

대학 3학년 때 그의 집에 난데없이 재앙이 몰아쳤다. 아버지의 사업이 거래처 부도의 여파로 무너졌고, 엎친 데 덮친 격으로 어머니가 말기 암 판정을 받았다.

남은 재산을 정리한 아버지는 민간요법에 기대를 걸어보겠다며 어머니와 함께 외딴 산골로 들어갔다. 그는 휴학을 하고 아르바이트로 다음 학기 학비를 벌기 시작했다.

몸속 에너지를 쥐어짜듯 죽을힘으로 살았으나 희망은 그리 쉽게 찾아오지 않았다. 어머니가 돌아가시고 아버지마저 뇌졸중으로 쓰러지고 말았다.

그는 원룸에서 아버지를 모시며 병원비까지 벌기 위해 아르바이트를 두세 개씩 뛰어야만 했다. 숨 돌릴 틈도 없었다. 한순간이라도 멈춰 섰다가는 끝이 보이지 않는 심연 속으로 영원히 끌려들어 갈 것만 같았다.

그러는 사이 친구들과도 멀어졌다. 취업 준비에 여념이 없는 그들과는, 어느새 다른 세상에 속해 있었다.

마침내 아버지마저 돌아가시고 세상에는 그 혼자 오롯이 남겨졌다. 그에게는 돈도 급했지만 그보다 옆에 있어줄 누군가가 더욱 절실했다. 그가 텅 빈 빈소를 지키고 있는데 생각지도 못한 얼굴 하나가 불쑥 나타났다.

중3 때 그 아이였다. 검은 양복도 차려입지 못한 엉성한 차림으로 아버지 영정에 절을 하고는 커다란 보따리 하나를 내밀었다.

"이게 뭐야?"

보따리를 풀자 술 담그는 큰 병 하나가 나왔다. 그 속에는 500원짜리 동전이 가득했다.

"나, 오랫동안 세차장에서 아르바이트를 했거든. 팁으로 받은

동전들을 모은 거야.”

어렵게 모은 것을 왜 주느냐고 물었더니 여전히 어눌한 말투로 대답했다.

“친구잖아.”

그로부터 9년이 흘렀다.

“어때? 예쁘지?”

아내가 술 담그는 병을 리본으로 장식해 그에게 내밀었다. 그속에는 여러 종류의 사탕이 가득 들어 있었다.

오늘은 친구의 카센터 겸 세차장 개업식이 있는 날이다. 부부동반으로 참석해 성공과 행복을 기원해줄 것이다. 지금은 둘도없는 친구 사이다.

출판사 공모전에서 1위를 차지한 표현은 다음과 같았다.

'친구란, 온 세상이 나에게 등을 돌렸을 때에도
 거리낌 없이 나를 찾아줄 수 있는 사람.'

성공의 기쁨을 누릴 때 곁에서 함께 즐겨줄 친구는 누구에게나 많다. 하지만 함께 있어도 아무 이익이 없거나 심지어 손해를 볼 수도 있는 상황이라면?

그럴 때 진심으로 함께해줄 수 있는 친구는 많지 않다. 그런 친구가 단 한명이라도 있다면 꽤 괜찮은 인생이 아닐까.

친구

;

자주 만나 어울리며 서로 도움을 주고받는다면 매우 바람직한 친구일 것이다. 어려운 시절을 함께 보낸 사이라면 말 그대로 피를 나눈 것이나 다름없이 우정이 깊어진다.

하지만 그렇지 않더라도 그만그만한 일상에서 누군가와 대화를 하고 싶을 때면 기가 막힌 타이밍으로 전화를 걸어오는 오랜 친구가 있다. 이런 사이야말로 부담 없이 편안함을 주는 쉼터 같은 친구가 아닐까.

아침 든든히
먹여줄게요

수정 씨는 병원에 입원해 여러 가지 검사를 받으며 수술을 기다리는 중이었다.

옆자리 아줌마가 밤새 끙끙 앓는 바람에 잠을 설쳤다. 큰 수술을 받은 것 같았다. 곁에 보호자 침대에는 여자아이가 있었다. 얼마나 고통스러운지 계속 신음하는 엄마 옆에서 짜증 한번 안 내고 엄마의 손발 노릇을 하며 수발을 들었다.

"몇 살이야?"

아이 엄마가 지쳐 잠든 사이에 주스 캔 하나를 건네며 물어보왔다.

"5학년요."

한참 장난치고 친구들과 수다 떨며 놀 나이인데.

"그렇구나. 학교는?"

대답이 없었다.

"아빠는 안 계시니?"

아이는 여전히 입을 다문 채였다.

다음 날 수정 씨가 수술을 받았다. 남편이 수술한 곳에 얼음주머니를 대주고 진통제 버튼을 눌러주는 등 지극히 보살펴주었다.

옆자리 아이 엄마는 조금 회복되었지만 이번에는 아이가 앓아누웠다. 감기에 걸려 해열제 처방을 받고는 마스크를 쓴 채 종일 보호자 침대에 누워만 있었다.

그 엄마의 얘기를 들어보니까 아이가 일주일 넘게 결석을 하고 엄마 곁을 지키는 것이었다. 자세한 얘기를 해주지 않아 어떤 사정인지는 알 수 없었으나 아이 아빠는 없는 것 같았다.

엄마 밥부터 챙겨주고 자기는 엄마가 남긴 밥과 반찬으로 끼니를 때우는 아이. 보는 내내 마음이 아팠다. 남편도 같은 심정이었는지 짐짓 너스레를 떨며 아이에게 청했다.

"병원 밥은 양이 너무 적어서 벌써 배가 고프네. 같이 뭐 좀 먹으러 가지 않을래?"

아이는 의젓하게 거절하다가 엄마가 다녀오라니까 마지못한 듯 자리에서 일어났다. 대견하고 착한 아이였다.

아이의 엄마는 살살 걸어 다닐 수 있는 만큼 나아졌다. 그래도 일주일 정도 병원에 더 머물러야 하는데 엄마는 아이를 하루라도 빨리 학교에 보내고 싶은 모양이었다.

몇 군데 전화를 걸어 아이를 부탁하는 것 같았다. 하지만 여의치 않았는지 눈물을 쏟고 말았다. 아이가 곁에서 엄마의 등을 쓸어주었다.

"괜찮아, 엄마. 내가 아침 차려서 먹고 학교 갈게. 저녁은 여기 와서 엄마랑 먹고. 일주일뿐인데 뭘."

수정 씨는 아이와 엄마를 위로해주고 싶었지만 무어라 말해야 할지 선뜻 생각이 나지 않았다.

남편이 보조 침대에서 휴대전화를 만지작거렸다. 그러고는 잠시 후 휴대전화 화면을 수정 씨에게 보여주었다. 인터넷에 옆자리 엄마와 딸의 이야기를 올린 것이었다.

조심스레 도와줄 방법이 없겠느냐고 물었다. 그 사이에 댓글이 하나 달렸다.

○○동이면 우리 동넨데. 제 딸도 5학년이고요. 일주일

동안 우리 집에 와서 지내도 좋을 것 같아요. 아침 든든
히 먹여줄게요. 당사자들이 좋다면 쪽지 주세요.

금방 또 하나의 댓글이 올라왔다.

저도 ○○동 살아요. 아침 같이 먹을 수 있어요.

댓글
;

인터넷 글을 무심코 훑어보다가 짤막한 댓글 한마디에 훅 감동을 받을 때가 있다.

'내가 도와줄게요.'

백 마디 위로보다 한 번의 실천.

그 한마디가 주는 감동만큼은 보석처럼 마음에 박혀 오랫동안 빛난다. 반짝이는 감동 하나로 팍팍하기만 했던 세상이 다르게 보일 때가 있다. 그래, 아직은 살맛 나는 세상이라고.

오늘을 성공으로 이끄는
90퍼센트

그녀는 아침부터 기분이 별로였다.

늦잠을 잔 주제에 화장실에서 꾸물거리는 남편에게 잔소리를
했다. 마음은 급한데 아침밥을 앞에 놓고 밥알을 세는 아들을 보
자니 답답해서 소리를 질렀다. 이어서 학교 준비물을 제대로 안
챙긴 걸 확인하고 혼을 냈다. 옆에서 남편이 "그만 좀 하라"라고
참견했다가 부부 싸움으로 번졌다.

출근하는 지하철에서는 허둥대다가 누군가의 발을 밟았다.

"앗! 죄송합니다."

오늘따라 유난히 사람이 많은 지하철.

사무실에 도착하자 상사가 감정을 긁었다.

"지각 분야 신기록을 세울 생각이야?"

그녀는 자리에 앉으면서야 휴대전화를 집에 두고 왔다는 걸 깨달았다. 거래처 담당자의 메시지, 친구들과의 SNS 등 휴대전화가 없으면 종일 불안하다. 게다가 아이가 학교에서 돌아오면 연락을 해야 할 텐데.

후배까지 속을 썩였다. 일을 맡긴 기획안의 결과가 마음에 안 들었다. 감정을 듬뿍 실은 말을 해주고야 말았다.

"인턴 수준 말고, 정사원 수준으로 하면 안 되겠어?"

곧바로 후회했지만 이미 뱉은 말을 주워 담을 순 없는 일이다.

집으로 돌아갈 때는 이미 몸과 마음이 파김치 상태였다. 그런데 현관을 열자마자 집에서 음식 냄새가 났다.

고개를 빼고 살펴보니 주방이 엉망이었다. 아들이 울상이 되어 말했다.

"오므라이스를 만들어보려고 했는데……."

그녀는 주저앉아서 탄식을 내고 말았다. 대체 모두, 나한테 왜 이러는 거야?

그녀는 왜 하루를 망쳐야 했을까? 화장실에서 면도하느라 늑장을 부린 남편 때문에? 아니면 아침밥을 제대로 안 먹고 준비물도 빠뜨린 아들 때문에?

『성공하는 사람들의 7가지 습관』(김영사, 2003)을 쓴 스티븐 코비 박사는 '90대 10의 원칙'을 통해 이렇게 정의한다.

> 내 인생의 10퍼센트는 나에게 일어나는 사건들로 결정되고, 나머지 90퍼센트는 내가 그런 사건들에 어떻게 반응하느냐에 따라 결정된다.

이에 따르면 우리는 삶에서 일어나는 10퍼센트의 사건을 통제할 수 없다. 늦장을 부린 남편의 시간을 되돌릴 수 없으며, 어젯밤으로 돌아가 아들의 준비물을 챙겨줄 수도 없는 노릇이다. 미리 조심할 수는 있으나 이미 일어난 사건을 바꿀 수는 없다.

반면 나머지 90퍼센트를 차지하는 반응은 다르다. 반응을 결정하는 것은 바로 나 자신이다. 이 점이 중요하다. 우리가 사건에 어떻게 반응하느냐에 따라 그 이후로 일어나는 일들이 달라지기 때문이다.

만일 그녀가 아침에 남편과 아들을 통제하며 잘잘못을 따지지 않고 스스로의 반응을 조심했다면 어땠을까. 예를 들면 빨리 면도하라고 남편을 원망할 시간에 이렇게 말했다면.

"잘 깎였어. 왼쪽 한 번만 더 밀면 끝나겠네."

그 한마디로 남편의 면도 시간을 줄이는 동시에 그녀도 좀 더 빨리 화장실을 쓸 수 있었을 것이다.

밥맛이 없어 먹는 척만 하는 아들에게도 소리를 지르는 대신 관심을 가지고 물어보았다면.

"속이 안 좋니? 시리얼로 간단하게 먹을래?"

그녀가 다르게 반응했더라면 아침부터 아이를 울리고 남편과 부부 싸움을 벌이는 일은 일어나지 않았을 것이다. 차분하게 화장을 마치고 휴대전화도 챙겨 여유 있게 집을 나섰을 것이다.

마찬가지로 회사에 지각해서 상사에게 언짢은 말을 들었더라도 후배에게 분풀이를 하지는 않았을 것이다.

하루를 어떻게 시작하고 이끌어가는지는 결국 스스로의 반응에 달려 있다고 볼 수 있다. 하루 일과를 알차게 마친 그녀라면 뿌듯한 마음으로 퇴근해 집에 도착할 것이다. 아들이 어지럽힌 주방을 발견하더라도 이렇게 말해줄 수 있다.

"우리 아들 다 컸네. 스스로 요리에도 도전해보고 말이야."

아들의 대답은 그녀에게 따뜻한 감동을 전해줄 것이다.

"인터넷 보고 따라 했어. 엄마 깜짝 놀라게 해주려고 했는데……."

반응

;

누군가의 잘못 또는 무례, 실수, 오해 등에 대해 '이러지 말아야지'
하면서도 날카롭게 반응하고야 만다. 분노를 그대로 표출하거나 뾰
족하게 찌르는 말, 때로는 얼굴조차 마주하기 싫어 이메일이나 메시
지로 냉랭하게 반응하기.

그런 반응이 감정을 상하게 하여 상황을 몇십 배는 더 복잡하게 휘
저어놓는다. 얽히고 설킨 관계를 풀어가기 위하여 힘겹게 애를 쓰며
응분의 대가를 치르고서야 조금은 배우게 된다.

비슷한 상황에 처했을 때 같은 잘못을 되풀이하지 않으려고 노력한
다. 상황과 관계는 늘 달라지지만 조금씩 순한 반응을 연습해본다.
그게 발전이 아닐까 생각한다. 조금 느리더라도.

지금 당장
기분을 바꾸는 방법

행복을 느끼는 방법.

오래전 잡지에서 읽은 글이다. 속는 셈치고 따라 해보았더니 정말 효과가 있었다. 힘들고 지칠 때마다 펼쳐보면 어느새 기분이 달라진다.

1단계

나에게 관심을 가진 사람들 헤아려보기.

가족, 친한 친구, 자주 만나는 지인들……. 그런데 아무리 생각해봐도 그들은 내가 생각하는 만큼 나에게 관심이 없는 것 같았다. 각자 일만으로도 바빠 보였다.

그러니까 '남의 눈'이라는 건 그렇게 의식할 만한 게 아니다. 내가 어떻게 보일까를 걱정하면서 살 필요가 없는 것이다.

2단계
내가 기꺼이 인정해줄 만한 가까운 사람 헤아려보기.

이런저런 성공을 거둔 몇몇 사람, 의미 있는 일을 하면서 살아가는 몇몇 사람. 따지고 보니 내 주위에서 몇 안 되는 사람만 겨우 한 손에 꼽힌다. 게다가 그들도 나름의 문제를 겪고 있다.

남을 인정해주는 일은 생각보다 어렵다. 이 대목에서 곰곰이 생각해봐야 할 점이 있다. 남을 인정하는 데는 바늘구멍 같은 기준을 적용하면서 왜 나는 더 많은 사람의 인정을 받지 못해 안달인가. 나는 사랑하지 않으면서 왜 모두의 사랑을 갈구하는가.

남의 인정이나 사랑에 휘둘려 일희일비하기 전에 내가 먼저 그들을 인정해보면 어떨까.

사람들과 세상을 위해 내가 한 일들 헤아려보기.

대개는 소소한 것이지만 그래도 이런저런 보람 있는 일들이 떠오른다. 1~3단계를 종합한 결과, 나라는 존재는 위대하지는 않을지라도 그런대로 잘 살아가는 보통의 존재임에 틀림없다.

4단계

대책 없이 우기기.

세상에서 가장 마음에 드는 사람을 한 자로 표현하면,
나.
세상에서 가장 마음에 드는 사람을 두 자로 표현하면,
또 나.
세상에서 가장 마음에 드는 사람을 세 자로 표현하면,
역시 나.
세상에서 가장 마음에 드는 사람을 네 자로 표현하면,
그래도 나.
세상에서 가장 마음에 드는 사람을 다섯 자로 표현하면,
다시 봐도 나.

기분

;

오늘 약말

하루는 공원에 멍하니 앉아 비둘기들을 관찰했다.

그중에 털이 듬성듬성 빠지고 살가죽이 발간 비둘기 한 마리. 다리까지 절룩이는 녀석이었다. 사람들이 던져주는 빵 조각도 그 녀석에게는 차례가 가지 않았다. 그 앞에 던져주어도 다른 녀석들이 덥석 채가기 일쑤였다.

그때 내 신세가 꼭 그 비둘기 같았다. 믿었던 사람에게 배신당하고 홀로 남겨져 한없이 초라하고 한심하게 느껴졌다. 다들 활기차게 살아가는데 나 혼자만 날개가 꺾여 절룩거리는 비루먹은 모양새 같았다.

시간이 흘러 내 모습을 가꾸는 것 또한 선택의 문제라는 것을 알게 되었다. 그렇다면 어떤 '나'를 선택할 것인가.

나는 '이만하면 쓸 만한 사람'을 골랐다. 그 뒤로 마음이 흔들릴 때마다 나를 지키기 위해 여기에 소개한 방법 4단계를 밟으며 기분을 추어올려본다.

오늘도 여전히 '이만하면 쓸 만하다'라고 스스로 다독인다. 1분도 안 되는 시간이지만 기분을 전환하기에 충분한 시간이다.

그녀의
아날로그 소통 신호

민수 씨는 회의를 하다가 아내에게 메시지를 받았다. 진통기가 있다는 것이었다. 두어 시간 전, 출근할 때까지만 해도 멀쩡했는데…….

'걱정하지 마. 내가 알아서 택시 타고 병원에 갈게.'

분만은 처가 근처의 병원에서 하기로 미리 정해놓았다.

민수 씨는 마음이 복잡해져서 회의에 집중할 수가 없었다. 다른 부서의 질문을 제대로 못 알아들어 상사에게 눈총을 받기도 했다.

만삭의 아내가 혼자 택시를 잡느라 쩔쩔맬 생각을 하니 마음이 아픈 것은 물론 죄를 짓는 느낌에서 헤어날 수 없었다. 한편으로는 아홉 달 넘게 아내의 배 속에 있던 아이가 곧 세상에 나온다고 하니 실감이 나지 않았다.

회의가 끝나기를 기다려 과장과 팀장에게 사정을 얘기하고 반차를 냈다. 민수 씨는 사무실에서 나오며 아내에게 전화를 걸었다. 장모가 전화를 받았다. 산통이 시작됐으니 오늘 중으로 낳을 것 같다는 얘기.

장모가 민수 씨에게 집에 들렀다가 오라는 아내의 부탁을 전해주었다. 크고 무거워서 아내가 직접 가져갈 수 없었던 출산 가방을 가져다 달라는 것이었다.

가방은 거실 소파 앞에 놓여 있었다. 양손에 들기 편하도록 적당한 무게로, 커다란 가방 두 개에 짐을 나눠 꼼꼼히 싸두었다. 진통이 오는 와중에도 가방을 거실에 가져다 놓은 아내의 자상함에 마음이 뭉클해졌다.

그는 옷을 갈아입으러 안방에 들어갔다가 침대 위에 놓인 작은 노트 하나를 발견했다. 아내가 전할 말이 있는 것 같았다. 노트를 펴자 눈에 익은 아내의 글씨가 나타났다.

자기야. 나 아껴주고 사랑해줘서 고마워.

건강하게 출산하겠지만 그래도 혹시나 하는 마음에
이 노트를 준비했어.
세상일이란 건 모르는 거잖아.
혹시라도 내가 잘못되면 이 노트가 조금은 도움이 될 거야.
사랑해.

노트를 넘기자 아내가 그동안 챙겨온 깨알 같은 일상이 펼쳐졌다. 가스 검침일이며 아파트 관리비 납부가 언제인지, 정기 적금을 부어온 금액과 만기일, 신용카드 결제일, 저렴하고 친절한 세탁소 위치와 전화번호, 정수기 필터 교체 시기, 심지어 화학조미료를 덜 사용하는 인근의 식당과 위치, 간단한 아침 식사용 샐러드와 빵을 배달해주는 업체 연락처까지.

그는 노트를 편 채 한참을 서 있었다. 아내는 첫 출산을 앞둔 불안 속에서도 만에 하나 홀로 남겨질지도 모를 남편이 어떻게 살아갈지 염려한 것이다.

그는 옷을 갈아입고 나와 출산 준비물들이 담긴 가방을 양손에 들었다. 챙겨야 할 것 하나가 남아 있었다. 아내의 슬리퍼.

현관에는 그가 들어올 때 벗어놓은 구두 말고는 신발이 하나도 보이지 않았다. 신발장을 열어보니 모든 신발이 가지런히 정리되어 있었다. 그는 아내의 슬리퍼를 꺼내 소중하게 가슴에 안

왔다. 아내의 온기가 전해지는 듯한 느낌이었다.

딱 떨어지는 디지털 신호에 익숙한 많은 남자들과는 달리 여성의 사랑은 아날로그 신호다. 길거나 짧거나 강하거나 미세하거나 신호가 끊임없이 이어진다. 아주 사소한 부분까지 관심의 신호가 미치지 않는 곳이 없다.

신호
;

흔히 남자와 여자의 소통 방법에는 차이가 있다고 한다. 그래서 서로의 신호를 잘 알아채야 한다. 남성의 신호를 디지털이라 한다면 여성의 신호를 아날로그에 비유하곤 한다.

디지털이 간편한 것은 사실이다. 'O 또는 1'로 구분이 명확하다는 점에서 그렇다. 적지 않은 남성이 애매모호한 여성의 아날로그 신호에 당혹해하거나 불만을 드러낸다. 의사를 분명하게 밝혀주면 헷갈리는 일은 없을 것 아니냐고 불퉁거리기 일쑤.

하지만 생각해보면, 여성의 신호가 아날로그이기 때문에 더욱 사랑스러운 게 아닐까. 강하다가 때로는 끊어질 듯 미세하게 이어지며, 귀를 기울이게 하는 끌림이 있다.

아날로그 신호에 익숙해지기란 어렵거나 복잡하지 않다. 그녀의 주변을 조금만 자주 둘러보면 된다. 오늘은 어떤 신호를 보내고 있는지.

두 팔을 활짝 벌리면
벽이 무너진다

잘생긴 청년 하나가 낯익은 거리에 팻말을 들고 등장한다.

구와바라 고이치桑原功一라는 일본인이다. 팻말에는 한국과 일본의 국기 그림과 함께 '프리허그 포 피스Free-Hugs for Peace'라는 문구가 적혀 있다. 청년은 팻말을 높이 들고 서울 시내를 걸어간다.

구와바라는 '사람들은 우리가 서로 미워한다고 말한다. 하지만 나는 우리가 평화를 원한다고 믿는다'라고 생각한다고 했다. 그러나 그의 기대와는 달리 어느 누구도 눈길을 주지 않았다. 사람들은 모두 그를 외면하고 지나쳐 자기 길을 가기에 바빴다.

그때 한 청년이 수줍게 다가와 어색하게 포옹을 했다. 그러자 또 한 청년이 포옹과 악수를 청했다.

구와바라는 위험에 처하기도 했다. 공원에서 프리허그를 하려는 그를 한 중년 남성이 거칠게 밀쳤다. 주먹을 휘두르며 위협하기도 했다. 한일 관계가 급속도로 악화되는 시점인 것 같았다.

구와바라는 공원 밖으로 밀려나면서도 굴하지 않고 팻말을 높이 치켜들었다. 여자아이가 쪼르르 달려와 포옹을 했다. 엄마가 그 모습을 보면서 환하게 웃었다. 이어서 젊은 여성과 어린이들이 프리허그를 했다. 지나가던 커플까지 교대로 일본인 청년에게 포옹을 했다.

구와바라의 실험은, 국경을 넘어 다른 이의 의미 있는 실천을 인정하고 격려하며 뜻을 함께한다는 게 무엇인지를 잔잔하고도 감동적으로 보여준다.

그가 인터넷에 프리허그 동영상을 올리자 순식간에 수천 건에 달하는 반응이 쏟아졌다. 일본 네티즌이 올린 댓글은 한국과 크게 다르지 않았다.

'처음으로 프리허그의 진짜 의미를 알게 됐어요.'

'멋있어요, 프리허그.'

'울었어요, 오랜만에. 감동적인 장면이었어요. 고마워요.'

PEACE

'대단한 용기입니다. 재미로 한 게 아니네요. 등장하는 한 사람 한 사람의 감정이 전해져왔어요. 마음이 따뜻해졌습니다.'

프리허그 동영상 후반부에는 오랜 친구라도 만난 듯 전력 질주해 구와바라의 품에 와락 안기는 한국 청년이 등장한다. 어느 중년 여성은 쑥스럽게 웃으며 엄마처럼 품어주었고 이어 나이가 지긋한 남성은 구와바라에게 슬며시 다가와 뒤에서 안아주고 어깨를 툭툭 쳐주었다.

사람들이 이방인인 그에게 마음의 문을 열었다. 견고한 벽이 점점 허물어지고 있었다. 프리허그를 위해 한국을 방문한 일본인 청년에게, 수많은 한국 사람들이 두 팔을 활짝 벌려 안아주었다.

포옹

;

프리허그 팻말을 든 사람들을 볼 때면 솔직히 반감이 들곤 했다. 포옹을 통해 서로 위로해주고 유대를 느끼자는 취지는 알겠지만 포옹한 번으로 뭐가 바뀌겠는가 싶었다.

그런데 포옹을 통한 마음의 위로를 조금이나마 알게 된 일이 있었다. 선배의 모친상을 전해 듣고 곧바로 달려갔다. 조의를 표하고 악수를 나누는데 선배가 갑자기 나를 끌어안았다. 그의 슬픔과 회한, 그 밖의 복잡한 심경이 전해져왔다.

포옹이 지닌 힘에 처음으로 깊이 공감할 수 있었다.

행운의 심술로부터
나를 지켜내기

다나카 고이치田中耕一는 평범한 일본인이었다.

어릴 때는 눈에 안 띄는 학생이었고 성적도 별로였다. 도호쿠 대학 전기공학과에 들어갔으나 유급당하는 바람에 1년 늦게야 졸업했다. 대학원에 진학하고 싶었지만 넉넉지 않은 가정 형편으로 취업을 해야 했다.

소니에 입사하고 싶었다. 그러나 면접에서 낙방. 그렇게 교토의 중견기업 시마즈 제작소에 들어가 전공과 관계없는 화학연구원으로 일하게 되었다. 화학 분야 기초 지식이 없어 업무에 적응하느라 고생을 감수해야 했다. 입사 동기 70명 모두가 간부로 승진한 반면 그는 마흔이 넘어서도 주임연구원이었다. 연구에 매달리느라 바빠서 관리직 승진시험을 치지 않았기 때문이다.

어느 날, 다나카는 실험을 하던 도중 실수로 두 용액을 잘못 섞었다가 '단백질 구조 해석 방법'을 발견했다. 이 실수가 그의 인생을 바꿔놓았다.

2002년 10월. 그는 스웨덴에서 국제전화 한 통을 받았다. 노벨 재단이라며 상을 준다고 했다. 전화를 받으면서 '스웨덴에는 여러 가지 노벨 재단이 있는 모양'이라고 생각했다.

그가 노벨 화학상 수상자로 결정됐다는 소식이 방송을 통해 전해지자 가족들도 '동명이인이 있나 보다' 하고 생각했다. 회사 관계자들은 언론사의 문의 전화에 '뭔가 실수가 있는 것 같다'라는 반응을 보였다.

그날 이후 다나카는 '일본에서 가장 유명한 샐러리맨'이자 '보통 사람들의 우상'이 되었다. 박사학위도 없는 학사 출신의 평범한 샐러리맨이 세계 최고 권위라는 노벨상을 받았으니 이만큼 유쾌하고 신나는 일이 없었던 것이다.

회사에서 열린 기자 회견에 다나카는 작업복 차림으로 나왔다. 그러고는 솔직하게 '실수에 의한 발견'이라고 털어놓았다. 또한 노벨상은 선배 덕분이라며 미안해했다. 선배가 논문에 그의 이름을 먼저 올리는 바람에 그렇게 됐을 뿐이라는 것이다.

이날 기자 회견은 TV로 생중계됐다. 그런데 다나카는 기자 회견 도중 휴대전화 벨이 울리자 아무 생각 없이 전화를 받고는 한참 동안 이야기를 나누었다. 뒤늦게야 자기 행동을 깨닫고 겸 연쩍게 말했다.

"미안합니다. 아내와 통화했습니다."

그의 소탈하고도 진솔한 행동에 많은 일본인이 감동을 받았다. 주일 스웨덴 대사로부터 축하 인사를 받고는 이렇게 말하기 도 했다.

"시상식의 파티에서 춤을 춰야 한다는 데 춤을 춰본 적이 없어 서 걱정입니다. 사실 아내도 입고 갈 옷이 없습니다."

시마즈 제작소는 노벨상 수상 이후 그를 이사 대우로 승진시 킬 계획이었다. 그러나 그는 "단계를 밟아 올라가고 싶다"라며 사양했다. 꾸준한 노력으로 누구나 성공을 이룰 수 있다는 가능 성을 몸소 입증한 다나카 고이치. 그는 그 후 어떻게 됐을까?

여전히 시마즈 제작소에서 연구를 하고 있다. 세상에는 다양 한 모습의 성공이 있을 테지만 자기 길을 꾸준하게 가는 평범한 이들의 성공만큼 훈훈하게 마음을 울리는 것이 없다. 그들이야 말로 바람에 흔들리거나 무너지지 않을 만큼 단단하다.

평범하다

;

적지 않은 행운이 '심술궂은 헹가래'와 유사하다.

높이 추어올려 절정의 기분을 만끽하게 하고는 곧바로 바닥에 패대기쳐버린다. 자고 일어나니 유명해졌다가 곧 몰락하고야 마는 깜짝 스타가 그런 경우라 할 수 있다.

평범함의 보호막을 잃지 않는 사람만이 행운의 심술로부터 스스로를 지켜내는지도 모른다.

통이 큰 사람도
때로는

보통 우리는 살면서

큰 상 한 번 받아볼 기회가 없죠.

퓰리처상, 노벨상, 토니상, 에미상······.

그래도 소소한 기쁨들은 다 우리 거예요.

등을 토닥여주는 손,

귓불 뒤로 스치는 입맞춤,

10kg 월척,

꽉 찬 보름달,

때마침 딱 한 칸 비어 있는 주차 공간,

타닥타닥 타오르는 벽난로,

맛있는 한 끼,

황홀한 노을,

따뜻한 국물 한 그릇,

시원한 맥주 한 잔…….

대박 한번 쳐보겠다고 안달복달하지 말고

아주 소소한 기쁨들을 즐겨도 되잖아요.

그런 기쁨들은 우리 곁에 널리고 널렸으니까요.

- 미국 유나이티드테크놀로지스의 광고

소소하다

더운 여름날, 에어컨이 고장 난 자동차를 몰고 할인마트에 간 적이 있다. 사람 많은 주말이었다. 멀티플렉스 영화관에 가는 차로 장사진을 이뤄 그 일대는 이미 주차장을 방불케 했다. 지하 주차장으로 진입했을 때는 거의 자포자기였다. 눅눅한 더위에 자동차들이 뱉어내는 매연까지.

에어컨이 말썽이니 더워서 창문을 닫을 수도 없었다. 쇼핑이고 뭐고 다 때려치우고 그냥 돌아가고만 싶었다. 그런데 마치 기적처럼 빈자리 하나가 눈에 들어왔다. 한껏 달아오른 짜증과 분노가 한순간에 거짓말처럼 자취를 감췄다. 후진 기어를 넣고 주차를 마치고 나니, 나는 세상에서 가장 행복한 사람으로 변해 있었다.

행복은 때때로 소소한 기쁨에서 온다.

지그재그

빠른 게
항상 빠른 건 아니야

산이 뭔지도 모르는 주제에 등산을 따라갔다가 길게 이어진 오르막을 만났다.

앞에서 꾸물대는 사람들이 답답했다. 우쭐하는 마음에 속도를 냈다. 누가 더 빠른지 동료 몇몇끼리 경쟁까지 붙었다. 조금만 무리를 하면 저 멀리 보이는 오르막 끝까지 가장 빨리 도달할 수 있을 것 같았다.

하지만 오르막은 좀처럼 끝나지 않았다. 잠시 후 경쟁자 모두 지쳐버렸다. 가파른 오르막을 힘겹게 한 발씩 오르는데 뒤따라

온 나이 지긋한 등산객이 한마디 해주었다.

"그렇게 올라가면 금방 지쳐요. 나처럼 지그재그로 가야 숨이 안 차요."

그의 말대로 해보니 서서히 호흡이 안정됐다. 가쁜 숨을 몰아 쉬던 몇몇 동료들도 신기하다며 한마디씩 했다.

그리고 목적지까지 막바지에 다다랐다. 마지막 몇 계단이 남았다. 다리 근육이 뭉치는 바람에 한 계단씩 오르는 게 지독하게 고통스러웠다. 쩔쩔매는 것을 보고는 경험 많은 이가 요령을 가르쳐주었다.

"한 발로 한 계단씩 딛지 말고, 한 계단을 두 걸음씩 걸어야 해. 성큼성큼 걷지 말고 잘게 걷는 거지. 계단마다 두 발을 모은 다음 또 한쪽 발로 오르고……."

그렇게 계단 오르기를 배웠다. 정상에 오를 즈음에는 확연하게 깨달을 수 있었다. 크게 걷는 한 걸음보다 잘게 쪼갠 두 걸음 혹은 세 걸음이 더욱 효율적이라는 것을.

특히 멀리 가거나 높은 곳을 오를 때에는 완급 조절을 해야 할 필요가 있다.

지그재그

;

버스 한두 정거장 전에 내려서 걸으면 그게 더 빠를 때가 있다고 한다. 정말 그럴까 의구심이 들었지만 호기심에 한번 시도해보았다.

버스에서 한 정거장 전에 내려 이면도로와 골목길을 따라 걸었다. 실제로는 시간이 좀 더 오래 걸렸다. 하지만 심리적으로는 매우 짧게 느껴졌다. 더 빠르다는 말은 한편 맞는 말이었다.

우리는 무조건 합리적인 게 좋다고 여긴다. 최소 비용 최대 효과의 방법을 찾아내려 혈안이다. 가장 빠르게 목적지에 도달할 수 있는 거리만이 정답이라 믿는다.

하지만 지그재그로 돌아가는 것이 시간을 버는 일일 수도 있다. 목표를 향해 미친 듯 질주하는 사람보다 둘러 둘러 가는 사람이 새로운 길을 발견하고 남다른 성과를 내는 이유와도 통하는지 모른다. 무언가를 잃고 뒤늦게 찾아 헤매는 것보다 더 빠른 길인지도.

따지고 보면
내게 은근히 많은 것들

아들은 모든 게 불만이었다.

엄마한테 물려받은 곱슬머리부터

아버지를 닮아 굵어 보이는 목,

조금만 높았으면 좋았을 콧대,

네 식구가 살기에는 비좁은 아파트,

미팅에서 만난 여자애들이 어딘지도 모르는 변두리 동네,

남들에게 내세울 수 없는 아버지 직업,

몇 푼 아끼려고 청승을 떠는 엄마,

취업 삼수생 주제에 자존심만 하늘을 찌르는 누나,
자신을 둘러싼 모든 게 짜증스러웠다.
그렇게 모인 짜증이 늦잠 때문에 폭발했다.
수업에 늦어 신경질을 부리다가
며칠 전부터 은근히 별러온 엄마에게 외려 혼이 나고 말았다.
오전 수업 내내 딴생각을 하다가 점심시간이 되었다.
삼각김밥을 사 와서 포장을 뜯는데 휴대전화 알림음이 울렸다.
엄마에게 이메일이 와 있었다.

옷을 걸치고 있으며
머리 위에 지붕이 있어 잠을 잘 장소가 있고
냉장고에 음식까지 있다면
당신은 지구에 사는 75퍼센트의 사람들보다 부유한
것입니다.

은행이나 지갑에 돈이 있고
집 어딘가에도 여윳돈이 있다면
당신은 이 세상 8퍼센트의 상위층 부자에 속합니다.

아침에 일어났을 때 아픈 데가 없다면

이번 주를 넘기지 못하고 죽음을 맞이할
무수한 사람에 비해 당신은 축복을 받은 것입니다.

전쟁의 위험이나 투옥의 괴로움,
고문의 고통이나 굶주림의 쓰라림을 겪고 있지 않다면
당신은 불안한 나라에 사는 5억 명의 사람들에 비해
축복을 받은 것입니다.

부모님이 살아 계시고 이혼하지 않았다면
당신은 대단한 축복을 받은 것입니다.
그런 경우는 부유한 국가인 미국에서도 흔한 일이
아닙니다.

얼굴에 미소를 띠우고
진심으로 감사할 줄 안다면
당신은 크나큰 축복을 받은 사람입니다.
많은 이가 그것을 알기는 하지만
대부분은 그렇게 하지 못하기 때문입니다.

누군가의 손을 잡아주거나

안아주거나 어깨에 손을 얹어줄 수 있다면
당신은 세상에서 가장 큰 축복을 받은 사람입니다.
남의 아픔을 덜어주고 감동을 주는 것은
아무나 할 수 있는 일이 아니기 때문입니다.

당신이 이 글을 읽을 수 있다는 것은
이중으로 축복을 받은 것입니다.
첫째는 누군가 당신을 생각해 이 글을 보내주었고,
둘째는 이 글을 읽을 수 있다는 점에서
이 세상 7억이 넘는 문맹자들에 비해
축복을 받았기 때문입니다

이제 당신이 누리고 있는 축복을 세어보세요.
얼마나 많은 축복에 둘러싸여 있는지를
다른 사람들에게도 알려주세요.
그들과 함께 축복을 나누며 살아가세요.

축복

;

SNS가 활발해지면서 타인의 일상을 쉽게 들여다보게 된다. 동시에 어쩔 수 없이 비교하는 마음이 끼어든다. 끊임없이 남들이 가진 좋은 것들과 내게는 없는 것을 비교하며 괜한 자격지심을 갖기도 한다.

하지만 반드시 알아야 할 점이 있다. 누군가도 나를 보며 그렇게 느낀다는 것. 내게도 남들이 부러워할 축복이 은근히 많다는 것. 내가 누군가를 보며 부러워하는 동안 누군가는 나를 보며 부러워하고 있다면 얼마나 아이러니한 일인지.

내게 없는 것에만 마음을 흘려보내지 말고 남들에게는 없는, 내게 주어진 축복에 마음을 담아보자. 하나씩 꼽다 보면 반드시 놀라게 될 것이다.

식당에서
일어난 일

미국 뉴저지 주의 식당에 한 가족이 들어섰다. 자리에 앉자마자 소년이 소동을 일으키기 시작했다. 끊임없이 "달걀을 달라" 요구하며 큰소리를 내는 등 전형적인 자폐 증세였다.

식사를 하던 사람들은 힐끗 살피고는 사정을 파악한 듯 어느 누구도 불평을 하지 않았다. 그런데 혼자 있던 중년 남성이 불만을 제기하고 나섰다. 그는 소년의 가족에게 따졌다.

"통제도 안 되는 애를 왜 식당에 데려와서 이 난리요."

소년의 아빠가 그에게 사과하며 아이에게 자폐증이 있다고 이야기해주었지만 들은 척도 하지 않았다. 마침 소년이 일어나서 돌아다니다가 그의 물컵을 떨어뜨려 깨뜨리자 화를 내며 소리를 질렀다.

"당장 이 아이를 데리고 돌아가세요!"

그러면서 다른 손님들에게 동의를 구했다.

"완전히 제정신이 아닌 것 같아요."

그때 손님 가운데 한 사람이 그에게 한마디 했다.

"그냥 앉아서 그 입 다물어요."

어떤 중년 여성은 가족에게 다가와 난감해하는 엄마의 어깨를 쓸어주며 위로해주었다.

중년 남성이 다시 자기주장을 펴자, 이번에는 다른 손님들도 나서서 한마디씩 했다.

"여기서 문제를 일으키는 건 바로 당신이에요!"

"당신이 엉망으로 만들고 있잖아요!"

결국 궁지에 몰린 그는 자리에서 벌떡 일어나 계산서를 달라며 식당을 나섰다. 식당 손님 모두가 그의 퇴장에 박수를 치며 환호를 보냈다.

잠시 후 카메라 여러 대가 식당에 드러나며 그 상황이 몰래 카메라임이 밝혀졌다. 주요 인물은 모두 연기자였다. 자폐 소년과 그의 가족, 그들에게 화를 내는 중년 남성.

이는 식당 손님들이 어떻게 반응하는지 살피기 위한 미국 ABC 뉴스 프로그램 〈당신이라면 어떻게 하시겠습니까?What would you do?〉의 기획이었다. 흥미보다는 사회적으로 민감한 주제를 선정해 일반 시민을 대상으로 벌이는 실험과 토론 프로그램이다.

한데 자폐 소년의 가족을 위해 나선 손님들의 행동은 그저 우연일 가능성을 배제할 수 없었다. 몇몇 용기 있는 시민이 나서는 바람에 다른 사람들까지 분위기에 휩쓸렸을 수도 있다는 것. 그래서 제작진은 한 번 더 실험을 해보기로 했다.

이번에는 자폐를 연기하는 소년이 혼자 식사를 하는 중년 남성에게 다가가 그의 음식을 손으로 집어 먹었다. 남성이 짜증을 내는데도 소년이 다시 집어 먹자 그는 화를 내며 가족을 나무랐다.

그러자 다른 자리에 있던 여성이 중재에 나서며 이해를 구했다.

"저 아이는 아스퍼거 증후군이 있는 것 같아요."

그러나 중년 남성은 소년의 가족에게 "당신들이 이곳 분위기를 망치고 있다"라면서 "아이를 데리고 당장 집으로 돌아가라"라고 요구했다. 다시 그 여성이 나섰다.

"당신 말도 옳아요. 하지만 장애를 가진 저 아이는 공공장소에서 어떻게 해야 하는지 배우러 온 거잖아요."

그녀는 소년의 가족이 돌아가려고 일어서자 다시 말했다.

"불만을 가진 사람은 한 명뿐이에요. 당신들이 여기서 나가면 정말 슬플 거예요."

중년 남성이 다시 불만을 토로하며 가족을 내보내려 하자 다른 남성이 일어나 그에게 강한 어조로 말했다.

"당신이 나가세요."

다른 손님들도 외쳤다.

"여기서 화내는 건 당신 혼자뿐이라고요."

"당신이야말로 이곳 분위기를 망치고 있어요."

방송 제작팀은 가족을 도와주었던 남자와 인터뷰를 했다. 그는 경찰관이었다.

"만약 우리에게 아이들이 있고, 아이 중 하나가 자폐를 가지고 있다면, 우리 가운데 어느 누구도 그런 식으로 식당에서 쫓겨나고 싶지는 않을 겁니다. 자폐라고는 하지만 그 아이는 우리와 다르지 않아요."

가족 편을 들어주었던 여성은 안도의 한숨을 내쉬었다.

"그건 정말 잘못된 행동이었어요. 매우 속상하고 화가 났지요. 아이 가족의 마음을 느낄 수 있었어요. 그렇지만 몰래 카메라라니 다행입니다."

다른 이의 장애를 감내하고 포용하다가 그들 가족이 불리한 입장에 놓이자 일제히 나서서 도와주는 시민 정신. 프로그램 제목처럼 정말로 '나라면 어떻게 했을까'를 생각해보며 반성하게 되는 몰래 카메라였다.

약자가 부당한 일을 당하면 누구든지 그의 편에 서서 용기 있게 목소리를 낼 줄 아는 사회, 서로에게 힘이 되어주는 사회, 우리가 꿈꾸는 따뜻한 사회의 모습이다.

용기

;

예전에 다니던 직장에서 있었던 일이다. 상사가 무모한 지시를 내렸다. 실무자들 판단에 실패할 게 뻔한데 상사에게 감히 맞설 수 없었다. 관건은 누가 책임을 떠맡느냐였다. 누군들 희생양이 되고 싶을까. 회의에서는 누구 하나 입을 열지 못한 채 서로 눈치만 보며 시간이 흘렀다. 그때 후배 팀장 하나가 나서서 십자가를 졌다. 자신이 맡겠다는 이야기였다. 임원들의 표정이 티가 날 정도로 밝아졌다.

결국 프로젝트는 얼마 지나지 않아 예상대로 용두사미 꼴이 되었고 책임을 맡은 후배 팀장은 '어두운 자리'로 발령이 나고 말았다. 따로 마련한 저녁 모임에서 모두 그에게 미안해하며 "이렇게 될 줄 알면서 왜 손을 들었느냐"라고 물었다. 그가 손사래를 치면서 말했다.

"그럼 어떡해요? 오줌보가 터질 뻔했는데."

그는 농담으로 넘기려 했지만 모두 알고 있었다. 그가 얼마나 큰 용기를 발휘한 것인지. 동료들을 위해 손해를 감수하고 심지어 모든 비난을 덮어쓸 수 있는 용기는 아무나 발휘할 수 있는 것이 아니다.

지금도 여전히 용기 있는 장면을 마주할 때면 그 후배가 떠오른다. 동시에 그날 내게 남겨진 죄책감을 곱씹게 된다.

천국에 오게 된
까닭

평생을 구두쇠 부자로 살아온 사람이 어느 날 결심을 했다.

다음 생을 위해 지금부터는 새로운 삶을 살리라. 이승에서 남부럽지 않게 누렸듯이 죽은 뒤에도 천국에서 영원히 행복하고 싶었다.

그는 가진 재산을 이웃에게 모두 나눠 준 뒤 메카를 향해 성지 순례를 떠났다. 모진 고행 속에서도 하루에 다섯 번씩 기도하기를 멈추지 않았고, 라마단 기간에는 철저히 금식을 지켰다.

하지만 메카에 이르는 길은 너무나도 멀고 험했다. 그는 점점 마르고 병약해졌으며 남루하기 짝이 없는 거지로 변해갔다. 그래도 천국을 향한 염원 하나로 그 모든 고생을 감내했다.

어느 추운 겨울 밤, 그는 바그다드의 시장 골목에서 웅크린 채 덜덜 떨며 잠을 청했다. 얼어 죽기에 딱 좋은 날씨였다. 그때 눈앞에 웬 길고양이 한 마리가 보였다. 그는 너무 추운 나머지 고양이를 냉큼 낚아채어 품에 안았다. 고양이의 따스한 온기 덕분에 가까스로 죽음을 면할 수 있었다.

다시 순례를 떠난 그는 마침내 메카에 도착하여 인생의 마지막 기도를 올렸다. 그리고 얼마 지나지 않아 죽음을 맞이했다. 마침내 천국의 문 앞에 도착한 그는 너무 기뻐서 문지기에게 물었다.

"제가 천국에 온 것은 열심히 기도를 한 덕분이겠죠?"

"아니, 그렇지 않소."

문지기는 웃으며 말했다.

"그럼 재산을 이웃에게 나눠 줬기 때문인가요?"

문지기는 고개를 저었다.

"라마단의 규칙을 잘 지켰기 때문이군요."

"그것도 아니라오."

"그럼 도대체 무엇 때문인가요?"

"정 알고 싶다면 말해드리리다."

"어느 겨울 밤, 당신은 바그다드의 시장 골목에서 버려진 고양이 한 마리를 따뜻하게 감싸주었소. 그 가엾은 고양이의 고통을 조금이나마 덜어주었기 때문에 지금 천국의 문 앞에 이르게 된 거라오."

"하지만 그건…… 단지 너무 추워서 껴안은 것뿐인데요?"

문지기가 빙그레 웃었다.

"그때만큼은 천국을 의식하지 않았잖소?"

의식하다

;

우리는 늘 무언가를 '위해서' 살아간다.

사랑을 위해, 가족을 위해, 이익이나 명분을 위해, 착한 일을 위해.

그러면서 남의 눈치를 본다.

가끔은 의식하지 않고 살아보면 어떨까. 아무런 조건 없이.

조건 없이 사랑하고 조건 없이 관심을 쏟으며 온전한 나만의 즐거움

을 느껴보면 어떨까. 인증 사진도 찍지 않고, SNS에도 올리지 않는,

오롯하고 은밀한 나만의 즐거움.

의식하지 않는 순간이야말로 순수한 행복이 아닐까 한다.

세계에서
가장 유명한 서퍼

베서니 해밀턴Bethany Hamilton은 세계에서 가장 유명한 서퍼다. 하와이 카우아이 섬에서 태어난 그녀는 서핑을 즐기는 부모의 영향으로 걸음마보다 서핑을 먼저 배웠을 정도다. 어릴 때부터 뛰어난 실력으로 프로 서퍼가 되는 것이 꿈이었다. 그러나 그녀의 꿈은 열세 살 때 산산조각 나고 말았다.

서핑을 나갔다가 상어의 공격을 받아 왼팔을 잃고 만 것. 의사가 '살아 있는 것이 기적'이라고 표현할 만큼 끔찍한 사고였다. 균형이 생명인 서퍼가 팔을 잃었다는 것은 수영 선수에게 한쪽

다리가 없는 것과 같다.

베서니는 그럼에도 가족과 친구들의 격려 속에서 다시 서핑에 도전했다. 하지만 한쪽 팔로 잡는 익숙지 못한 균형으로는 주 대회조차 통과할 수 없었다.

탈락에 실망한 그녀는 태국의 지진 해일 복구 현장에 봉사 활동을 떠났다. 폐허가 된 그곳에서 실의에 빠진 사람들을 도우며 자신의 희망도 서서히 찾아갔다. 아이들을 서핑 보드에 태워주면서 웃음도 되찾았다.

집으로 돌아와 많은 사람들의 지지를 받으며 다시 용기를 내어 도전했다. 비록 우승에는 실패했지만 불가능을 가능하게 만든 그녀의 투혼이 뉴스로 전해지자 전 세계에서 뜨거운 환호를 보냈다.

베서니 해밀턴은 그렇게 도전을 거듭하여 프로 서퍼가 되는데 성공했다. 마침내 꿈을 이룬 것이다. 그녀는 지금 이 순간에도 하와이 혹은 어느 바닷가의 파도 위에 올라타 있을 것이다.

베서니 해밀턴의 이야기를 영화로 만든 〈소울 서퍼〉(2011)에서 그녀의 엄마는 비극적인 사고 이후 삶의 의지를 상실해버린 딸에게 비너스 상 사진을 보여주며 말한다.

"너는 팔 하나가 없지만 비너스 상은 두 개가 다 없어. 하지만 인류에게 미의 상징으로 여겨지고 있지. 정작 곁에서는 볼 수 없는 것들이 많단다. 힘들거나 이해하기 어려울 때는 다른 각도에서 볼 필요가 있어."

또 이렇게 격려해준다.

"얘야, 넌 앞으로 많은 것을 남과 다른 방식으로 해야 할 거야. 하지만 분명한 건, 할 수 없는 것들이 상상 외로 아주 적을 거라는 사실이지."

베서니의 엄마 역시 위대한 영혼을 지녔다. 웬만한 사람이라면 오로지 절망밖에는 찾아낼 것이 없는 상황을 넉넉하게 품어 창조적으로 받아들였다.

'너는 많은 것을 남과 다른 방식으로 해야 할 뿐이다'라고.

베서니 또한 이렇게 말한다.

"믿음만 있다면 무엇이든 가능하죠. 그게 무엇이든……."

믿음
;

하버드대학에서 남학생 268명을 선발해 그들의 인생을 72년간 추적한 연구를 했다. 무엇이 사람을 행복하게 혹은 불행하게 하는지 파악하기 위한 연구였다. 그 결과 연구팀은 72년의 성과를 '행복의 일곱 가지 요소'로 압축했다.

교육, 안정적인 결혼생활, 금연, 금주, 운동, 적당한 몸무게 등이었다. 여기에 나머지 하나이자 첫 번째 요소는 바로 이것이다.

'고통에 적응하는 성숙한 자세.'

누구나 살면서 삶이 주는 고통에서 자유로울 수 없다. 다만 행복한 사람과 그렇지 못한 사람의 차이가 있다면 '괜찮다'는 믿음으로 얼마나 성숙하게 적응하느냐 하는 것이다.

네가 있어서
할 수 있었단다

아들 릭Rick은 뇌성 마비와 전신 마비를 안고 태어났다.

출산할 때 사고 때문이다. 릭은 혼자 움직이기는커녕 말을 할 수도 없었다.

아버지의 이름은 딕Dick이다. 의사는 릭이 태어난 지 8개월 만에 딕에게 아이를 포기하라고 권했다.

"살아도 사는 게 아닐 겁니다."

그러나 딕은 아들을 포기할 수 없었다. 시간이 흘러 릭은 최신 기술을 이용해 간단하게 의사소통을 할 수 있게 되었다.

그리고 릭이 열다섯이 되던 해, 한 대학의 운동선수가 경기 도 중에 목 아래로 몸이 마비되는 치명적인 부상을 입고 말았다는 소식이 전해졌다. 대학에서 그 운동선수의 병원비를 마련하기 위해 8킬로미터 자선 달리기 대회를 연다는 얘기도 함께였다.

아들 릭이 의사소통 장치를 통해 딕에게 말했다.

"아빠, 달리기 대회에 나가고 싶어요. 아빠와 달리고 싶어요."

아버지는 아들을 격려해주고 싶었다. 딕은 장거리를 달릴 수 있을 만큼 건강하지 않았으나 경주에 참가하기로 마음먹었다. 경주용 휠체어를 보완한 장치에 릭을 태우고 매일 연습을 했다. 휠체어를 밀면서 딕은 달리고 또 달렸다.

아버지와 아들은 8킬로미터 자선 달리기 대회에 참가해 끝에서 두 번째로 결승점을 통과했다. 아들은 눈을 깜빡이며 아버지에게 메시지를 보냈다.

"아빠, 마치 제게 장애가 없는 것처럼, 스스로 달린 것처럼 느껴졌어요."

딕은 그날 이후 직장을 그만두고 릭과 함께 달리기 시작했다.

그들은 보스톤 마라톤에 출전했다. 역시 정규 코스는 무리였을까? 4분의 1 지점에서 포기하고 말았다. 그러나 이듬해 다시 참가해 42.195킬로미터를 완주해냈다. 이들의 마라톤 최고 기록은 2시간 40분 47초다.

아들은 아버지와 마라톤을 시작한 지 4년 만에 더욱 큰 꿈을 갖게 되었다. 철인 3종 경기에 출전하는 것이었다. 하지만 아버지는 수영을 할 줄 몰랐고 어릴 때 잠깐 타본 것을 빼면 자전거를 탈 줄도 몰랐다.

주변 사람들이 말렸다.

"미친 짓이야. 불가능할뿐더러 릭을 더 힘들게 할 뿐이야."

하지만 딕은 모든 우려와 만류를 무릅쓰고 철인 3종 경기에 참가했다. 허리에 끈을 연결해 고무보트를 끌며 4킬로미터에 가까운 바다를 헤엄쳤다. 아들을 자전거에 태우고 180킬로미터가 넘는 거리를 질주했다. 그리고 아들의 휠체어를 밀며 마라톤을 완주했다.

아버지는 아들과 함께 수백 차례의 경기에 참가했다. 두 사람은 한 팀이다. 그들의 성을 딴 이름 '팀 호이트team Hoyt'로 출전한다. 두 사람이 달리고 이동한 거리를 모두 합치면 6천 킬로미터를 넘어 미국 대륙을 횡단하고도 남는 정도다.

팀 호이트가 참가하는 경기는 관객들까지 혼연일체가 되어 감동의 순간을 연출한다. 선수들이 결승점에 도착한 뒤 한참이 지나서야 두 사람이 들어오지만 관객들과 다른 선수들은 끝까지 남아 그들을 기다려준다. 그러고는 모두 기립 박수로 맞이해준다. 박수는 오랫동안 이어진다.

아버지 딕 호이트는 1940년생으로 일흔이 훨씬 넘은 나이다. 서른일곱에 달리기를 시작했다. 아들 릭 호이트는 1962년생으로 쉰이 넘었다. 그래도 아버지와 아들은 여전히 달린다.

아들이 의사소통 장치를 통해 말한다.

"아버지가 없었다면 할 수 없었을 거예요."

아버지가 아들을 보며 말한다.

"네가 없었다면 시작도 하지 않았을 거다."

운동이라고는 해본 적이 없던 딕을 세계적인 철인의 대열에 우뚝 서게 만든 불굴의 의지. 그것은 무한한 신뢰와 사랑에서 비롯되었다. 아들 릭을 위해, 또한 스스로를 위해 한 걸음 더 내딛겠다는 의지. 그런 의지가 열 걸음 스무 걸음으로 모여 세계에서 가장 인상적인 팀을 만들어냈다.

딕은 그가 쓴 책에서 이렇게 말했다.

"아들의 웃는 모습을 볼 때면 우리에게 닥친 어려움이 우리의 앞길을 막는 장애물이 아니라 단지 인생이라는 도로에 놓인 과속 방지 턱일 뿐이라는 생각이 들었다."

그 누구도 아닌 네가 있기에 힘이 된다는 것, 의지할 수 있는 마음은 그 어느 때보다 강한 의지를 만들어낸다.

의지

;

'의지'라는 낱말에 담긴 두 가지 의미가 다가온다.

하나는 다른 것에 몸이나 마음을 기대거나 또는 그렇게 하는 대상.

다른 하나는 어떠한 것을 이루고자 하는 마음. 의지한다는 말에는
순수한 열망과 책임이 느껴진다.

새삼 아버지라는 존재에 대해 생각해본다. 가족이 의지하는 버팀목
이자 책임져야 할 목표가 있기에 스스로 단단해지고자 하는 의지를
지켜낸다.

그 무게는 감히 상상도 할 수 없다. 그래서인지 때로는 과장된 갑옷
을 두른 채 감정을 섣불리 표현하지 않으려 한다. 강한 의지를 표현
하기라도 하듯.

그러나 그들을 움직이는 힘이 무한한 신뢰와 사랑에서 비롯되듯 때로
는 그들도 마음을 내려놓고 한없이 여린 속내를 한껏 의지해봐도 좋
을 텐데. 의지할 이가 곁에 있다는 힘이 다시 오늘을 살아가는 의지가
될 터이니.

III
당신

사랑의
퍼즐 맞추기

매일 점심때면 여자친구에게 메시지를 보내는 남자가 있다.

동료들과 식당에 자리를 잡자마자 여자친구에게 문자를 보낸다. 그 사이 다른 사람들은 주문을 하고 수저를 챙긴다. 흥미를 느낀 후배가 남자에게 물었다.

"어쩌다 한 번은 깜빡 잊기도 하죠?"

남자가 대답했다.

"그런 적 없어. 점심을 굶은 적이 없으니까."

후배가 다시 물었다.

"여자친구 분과 약속을 정한 건가요? 하루라도 어기면 혼나요?"

남자가 빙그레 웃었다.

"그건 아니야. 점심시간 한 시간 중에 몇십 초만 여자친구한테 투자하면, 그 친구도 점심을 기분 좋고 맛있게 먹을 수 있잖아. 그러니까 문자 보내는 시간을 아까워할 이유가 없지."

그가 식당에 앉아 여자친구에게 보내는 메시지는 대개 이런 내용이다.

"나 점심 먹으러 왔어. 자기도 맛있게 먹어."

남자들은 뭔가 큰일을 해줘야 여자의 마음을 얻을 수 있다고 생각한다. 하지만 여자들은 작은 일에 감동을 받는다. 그들이 바라는 것은 일상의 작은 관심이다.

사랑은 작은 관심의 퍼즐을 두 사람이 맞춰가는 일이다.

관심

;

마음을 어떻게 표현해야 할까. 많은 이들이 어려워한다. 하지만 답은 생각보다 간단하다. 작은 일부터 지속적으로 마음을 쓰는 '행위'를 보여주면 된다.

사랑이 열정이라면 관심은 돌봄이라 할 수 있다. 마치 화분에 물을 주고 정원을 가꾸는 일과도 비슷하다.

그런 의미에서 반대말은 '바쁘다'가 아닐까. 정말로 바쁠 때도 있지만 핑계나 게으름인 경우도 많다.

사랑의 열정은 식게 마련이지만 사랑을 가꾼다는 것은 바쁜 와중에도 짬을 내어 관심을 주고받는다는 점에서 뜨겁게 타올랐다가 이내 식어버리는 열정과는 다르다. 가꾸는 사랑은 변하지 않는다.

길고양이와 하이파이브

런던의 길거리에서 노래를 부르는 청년 제임스 보웬James Bowen은 마약 중독자였다.

어머니의 이혼과 재혼, 잦은 이사 등으로 사람과 유대감을 느껴보지 못한 채 성장했고 학창 시절에는 심한 따돌림을 당하기도 했다. 청년이 되었을 때에는 인간 자체를 믿지 못하게 되었다.

노래로 성공해보겠다는 꿈을 안고 여러 곳을 기웃거려보았으나 어느 누구도 그의 재능을 인정해주지 않았다. 좌절한 보웬은 급기야 마약에 손을 댔고 눈 깜짝할 사이에 중증 마약 중독자에

노숙자로 전락해버렸다.

정부와 자원봉사자들의 도움을 받았다. 갱생 프로그램 치료를 받고 정부가 제공하는 공영 아파트에 들어가 안정을 찾기 시작했다. 거리에서 노래를 불러 얻는 적은 수입으로 하루 벌어 하루 먹고사는 생활을 이어갔다.

어느 날, 노래를 부르고 들어오다가 아파트 입구에서 웅크린 고양이를 발견했다. 배와 다리에 상처를 입은 고양이였다. 주인이 나타나지 않자 동물병원으로 데려가 치료를 해주었다. 치료비는 28파운드. 그의 하루 수입이 많아야 25파운드였다.

그에게는 고양이를 먹여 살릴 능력이 없었다. 그래서 건강을 회복한 고양이를 동네에 풀어주려고 했다. 길고양이로 살아가라고. 하지만 고양이는 보웬에게 찰싹 달라붙어 떨어지지 않으려 했다. 세상을 증오하는 청년과 상처 입은 길고양이는 그런 인연으로 만나 서로 의지하고 보듬으며 둘만의 새로운 삶을 살아가게 되었다.

보웬은 동물 친구에게 밥Bob이라는 이름을 붙여주었다. 밥은 보웬이 노래를 부르러 코벤트가든 행 버스에 오르자 뒤따라 달려와 냉큼 올라탔다. 그리고 그를 졸졸 따라다니기 시작했다.

보웬이 기타를 치면서 노래를 부르면 밥은 가만히 앉아 그의 노래가 끝나기를 기다렸다. 경계심 많은 보통 고양이와는 달리

밥은 청중들의 박수 소리에 놀라지 않고 의연하게 앉아 있었다.

　노래를 끝낸 보웬이 손을 내밀며 "이리 온, 밥. 하이 파이브 Come on Bob, Hi five!"하고 외치면 고양이도 앞발을 내밀어 마주 쳤다. 보웬은 고양이 덕분에 더 많은 동전을 모을 수 있었고 둘은 파트너가 되었다. 혼자 노래할 때보다 수입이 세 배로 늘어났다.

　출판 에이전시가 보웬을 찾아왔고 마침내 둘의 이야기가 『내 어깨 위 고양이, Bob A Street Cat Named Bob』(페티앙북스, 2013)이라 는 책으로 출간되었다. 책은 영국에서 6개월 동안 10위 안에 드 는 베스트셀러가 되었고 한국과 미국 등에 판권이 수출되어 출 판된 것은 물론 영화 제작까지 논의 중이다.

　보웬은 BBC 방송에 출연해 이렇게 말했다.

　"제가 밥을 돌봐준 게 아니라 밥이 저를 돌봐준 겁니다. 저의 삶을 보듬고 조건 없는 사랑을 주었어요. 그렇게 제 인생의 관점 을 바꿔놓았습니다."

　밥은 런던에서 가장 유명한 고양이가 되었고 보웬 또한 먹고 사는 걱정에서 벗어났다. 이 콤비는 지금도 여전히 일주일에 두 번 코벤트가든에서 공연을 한다.

보듬다

;

보듬다의 사전적인 의미는 '사람이나 동물을 가슴에 붙도록 안다'이
다. 대표적인 게 어머니의 사랑이다. 아무런 대가를 기대하지 않고
무조건 보듬어주는 포근한 사랑.

반려 동물 또한 이해관계를 셈하지 않으며 무한한 신뢰와 사랑을 주
는 친구가 되어준다. 이와 같은 조건 없는 사랑의 경험은 마음속 상
처를 보듬어주고 우리 삶의 관점을 바꿔놓는다.

그런 사랑이 있음을 경험해봤기에 어두운 세상에서도 희망의 불씨를
간직한다. 그리고 누군가에게 자신이 받은 사랑을 나눠주게 된다.

나는
혼자가 아니다

서울 소년법정에서 있었던 일.

열여섯 소녀가 피고인석에 섰다. 친구들과 함께 오토바이를 훔친 혐의였다. 소녀는 그전에도 열네 건의 절도와 폭행을 저질러 재판을 받은 적이 있기 때문에 이번에야말로 가중 처벌을 받아 보호 시설에 수용될 수밖에 없는 처지였다.

방청석에는 홀어머니가 가슴을 졸이며 재판을 지켜보고 있었다. 중년의 여성 부장판사가 법정에 들어섰다. 법정 안이 조용해졌다. 판사가 말했다.

"이 소녀는 가해자로 재판에 왔습니다. 하지만 이렇게 삶이 망가진 사연을 알면 누가 가해자라고 말할 수 있겠습니까."

소녀는 간호사를 꿈꾸는 상위권 성적의 평범한 학생이었다. 그러나 남학생들에게 끌려가 집단 폭행을 당한 뒤 인생이 바뀌어버렸다. 병원에서 치료를 받았지만 후유증을 극복하지 못했다. 엄마마저 정신적인 충격에 마비 증세를 보이자 자포자기한 채 나쁜 친구들과 어울리기 시작했다.

판사의 훈시가 이어졌다.

"소녀에게 잘못이 있다면 자존감을 잃어버린 것입니다. 그러니 스스로 자존감을 찾게 하는 처분이 필요합니다. 또한 이 소녀가 세상을 긍정적으로 살아갈 수 있도록 우리가 소녀의 잃어버린 자존감을 찾는 일을 도와야 합니다."

부장판사는 소녀에게 불처분 결정을 내리며 그 대신 '법정에서 일어나 외치기'를 주문했다.

"자리에서 일어나 나를 따라 힘차게 외쳐보렴."

소녀가 머뭇거리며 일어났다.

"나는 이 세상에서 가장 멋있게 생겼다!"

판사의 외침을 소녀가 나지막하게 따라했다.

"나는 이 세상에서……."

"더 큰 소리로! 나는 이 세상에서 두려울 게 없다. 나는 혼자가 아니다."

소녀를 지켜보던 엄마가 손수건을 꺼내어 눈가를 닦았다.

"나는…… 나는…… 혼자가 아니다!"

소녀 역시 '혼자가 아니다'를 외치고 나서는 울음을 터뜨렸다.

판사는 소녀를 법대 앞으로 불러 두 손을 마주 잡았다.

"이 세상에서 누가 가장 중요할까? 그건 바로 너야. 그 사실만 잊지 않으면 돼. 그러면 지금처럼 힘든 일도 이겨낼 수 있을 거야."

자존감

;

될 대로 되라며 주저앉고 싶을 만큼 지칠 때가 있다.

혼자라는 생각에 한없이 의기소침해지기도 한다. 그럴수록 주위를

둘러보자. 나만의 '비빌 언덕'을 찾아서.

나의 이야기를 들어주고 고개를 끄덕여줄 그 누군가가, 분명 있을

것이다. 세상살이란 혼자가 아니기에. 누군가와 함께 영향을 주고받

으며 노를 저어가는 것이니까.

그럼에도 때로는 혼자서 힘겹게 노를 저어야 할 때가 있다. 누구에

게도 의지할 수 없는 '나만의 일'인 경우에 그렇다. 하지만 그럴 때

에도 누군가가 함께 있다.

여전히 꿋꿋하게 나를 믿어주는 든든한 마지막 후원자, 바로 나다.

나를 대신해줄 수 있는 사람은 세상에 단 한 명도 없다. 그래서 누구

든 언제든 혼자가 아니다. 자신의 목소리에 귀를 기울인다면.

내가 변함없는 내 편이라면 늘 든든할 것이다.

곁

힘이 되어주는
사람

정연한 논리를 펼쳐 고개를 절로 끄덕이게 하는 사람,
기지와 재치를 발휘해 즐겁게 해주는 사람.
대단치 않은 이야기에도 "그래?" 하고 추임새를 넣어주는 사람,
"맞아 맞아" 호응해주면 신나서 더 많은 얘기를 해주는 사람.
그런데 어떤 사람은 힘들 때 가만히 곁에 있어준다.
비법을 알려주거나 "내가 겪어봤는데……"를 꺼내놓지 않는다.
가슴 깊은 곳에서 눈물을 흘려본 사람만이 이렇게 해줄 수 있다.

곁
;

힘겨운 일이 있을 때 가까운 이들로 인해 더욱 힘들 때가 있다.

가뜩이나 힘든데 미주알고주알 참견하며 쉬이 나아지지 않는 내 모습에 답답해한다. 이따금 자기 조언대로 따르지 않는다고 화를 내는 사람도 있다.

힘에 겹다는 것은, 몰라서 헤어나지 못하는 것보다 어쩔 수 없는 경우가 더 많다. 가만히 곁을 지켜주다가 어깨 한번 툭툭 쳐주는 이가 그래서 더욱 고맙다.

'다 알아. 그러니까 힘내' 하고 말해주는 것 같아서.

감동은 어떻게
몸집을 불리나

스페인 도심의 한 광장.

콘트라베이스를 안은 중년 연주자가 홀로 서 있다. 사람들은 그에게 관심을 보이지 않는다. 그 앞을 무심히 지나치거나 광장 곳곳에 흩어져 앉아 대화를 나눈다. 평화로운 광경이다.

한 소녀가 연주자를 물끄러미 올려다본다. 그러고는 그의 앞에 놓인 모자에 동전을 넣어준다. 그 작은 행동으로 변화가 시작되었다. 연주자가 슬며시 미소를 짓더니 비로소 활을 들어 연주를 시작했다. 물론 청중은 소녀 한 명이다.

콘트라베이스가 귀에 익은 음을 낸다. 베토벤 교향곡 9번 4악장 〈환희의 송가〉가 흘러나온다. 연주자는 할아버지가 손녀를 보는 듯한 따뜻한 시선으로 자신의 유일한 손님과 소통한다.

광장에 콘트라베이스의 낮고 부드러운 선율이 흩어지자 어디선가 첼로를 든 연주자가 나타난다. 그리하여 콘트라베이스와 첼로가 함께 들려주는 〈환희의 송가〉가 울려 퍼진다.

그때 편안한 평상복 차림의 현악기 연주자들이 차례차례 등장해 연주에 합류한다. 그러더니 바순이 나타나고 금관 악기들까지 속속 가세한다. 연주자들은 대부분 중년 이상의 나이가 지긋한 사람들. 편안하게 호흡을 맞추며 〈환희의 송가〉를 더욱 아름답게 들려준다.

청중이 하나둘 몰려든다. 리듬에 맞추어 고개를 까닥이거나 춤을 추고, 휴대전화를 들어 사진을 찍는다. 광장에서 느닷없는 교향악 연주 실황을 보게 되리라고는 누구도 예상치 못했을 것이다. 어느새 지휘자가 나타나 두 손을 움직인다. 꼬마 관객이 지휘자의 손짓을 흉내 낸다.

곧이어 교향곡 9번 4악장의 절정에 도달한다. 광장에 놀라운 변화가 몰아친다. 청중 속에서 합창이 터져 나온다. 군중에 흩어져 있던 합창단원들이 〈환희의 송가〉를 부르며 연주자들의 뒤쪽으로 자리를 잡는다.

이제는 청중까지 노래를 따라 부른다. 연주를 하는 이도, 노래를 부르는 이도, 신기한 듯 감상하는 이도, 얼굴에 환한 미소를 짓는다. 그들의 환희가 광장을 가득 채운다.

공연은 스페인 바르셀로나의 사바델 은행이 창업 130주년을 맞아 도시에 경의를 표하기 위해 기획한 깜짝 '플래시 몹'이었다.

플래시 몹이란 특정한 날짜와 시간에 미리 정한 장소에 모여 짧은 시간 안에 주어진 행동을 하고 뿔뿔이 흩어지는 것. 실제 오케스트라 단원과 합창단원 100명 이상이 참여해 시민들에게 멋진 공연을 선사했다.

시민들에게 기억에 남을 선물을 주고 싶다는 취지였다. 그날 함께한 이들은 오래도록 그 시간을 잊지 못할 것이다.

이처럼 누군가와 가까워지는 데에는 남다른 경험을 함께하는 것 만한 게 없다. 특히 가슴 떨리는 환희의 경험이라면 더욱 그렇다.

그래서 사랑이 두 사람의 거리와 경계를 그토록 급속하게 허무는 것일 게다. 사랑만큼 둘만이 공유하는 남다르고 가슴 떨리는 경험이란 또 없으니까.

함께

;

오늘
약
말

친구 어머니 중에 '큰 손'이 한 분 계시다. 혼자 사는 친구 집에 어머니가 한번 다녀가시면 엄청난 음식이 식탁 위를 가득 채운다. 혼자 먹지 말고 주변 사람들을 불러 함께 먹거나 나눠주라는 뜻이란다.

음식을 함께 먹는 것만큼 서로 가까워지는 일은 없는 것 같다. 낯선 사람과도 맛있는 음식과 더불어 이야기를 나누다 보면 금세 친밀감을 느끼게 된다.

그래서 아마도 우리는 누군가와 약속을 정할 때 '밥 먹자'라고 하는 모양이다. 그렇게 좋은 순간과 좋은 경험은 함께하면서 더욱 몸집을 불린다.

'세 번'의 의미

새내기 기자인 그녀는 문화부에 배치되자마자 선배에게 반해
버렸다. 그는 신문사의 미술 담당 기자로, 유려하면서도 날카로
운 필치로 미술계에 정평을 쌓았다. 선배 역시 귀엽고 세심한 그
녀를 내심 사랑하게 되었다.

그러나 신문사에서 사내 연애를 한다는 것은 껄끄러운 일이
었다. 회사에서 공식적으로 사내 연애를 금지한 것은 아니다. 다
만 사내 결혼을 하면 둘의 부서를 멀찍이 떨어뜨린다는 암묵적
인 관행이 있을 뿐이다. 결혼 발표가 나면 신랑과 신부 가운데

한쪽을 주간지 혹은 월간지로 발령을 내곤 했다.

기자들 사이에서는 사장이 젊을 때 미모의 기자에게 프러포 즈를 했다가 거절당하자 그런 관행을 만들었다는 소문만 무성 했다. 그 기자의 마음을 사로잡은 남자 기자를 월간지로 내쫓아 복수했다는 것이다.

연애가 불편하게 끝날 경우도 문제였다. 어느 쪽이라도 마음 의 상처를 피할 수 없었기에 기자들은 되도록이면 사내 연애의 주인공이 되지 않도록 애썼다.

그와 그녀 역시 사내 연애의 결말을 빤히 아는 처지이니 서로 에 대한 마음을 억누르기 위해 무던히도 노력했다. 그러나 같은 부서에서 일하니 자주 보는데다 눈이라도 마주치면 가슴이 뛰 어서 마음을 다스리는 게 쉽지 않았다.

결국 그가 참지 못하고 그녀를 불러내 이렇게 고백하고 말았다.

"너한테 해주고 싶은 말들이 너무 많은데 그중에 어떤 말을 해 야 할지 나도 모르겠어. 하지만 그게 뭐가 되었든 결국 세 글자 로 압축될 거야. 사랑해."

그녀는 고대해온 말을 듣고 북받치는 감정에 눈물을 흘렸다. 아름다운 꽃다발도, 멋진 이벤트도 없었지만, 이토록 드라마틱 한 고백을 받을 것이라고는 상상도 못 했다.

두 사람은 서로에게 애틋한 감정을 전하다가, 눈치 빠른 동료

기자들을 어떻게 따돌리고 연애를 할 것인지에 대해 고민했다. 그가 아이디어를 냈다.

"사람들 눈치 때문에 내가 '사랑한다'라는 말을 자주 해줄 수는 없을 거야. 그러니까 신호를 정하면 어떨까. 내가 손끝으로 책상을 세 번 두드리면 '사랑해'라고 말한 거야. 아! 다른 방법도 있겠다. 네 자리로 전화를 걸어서 세 번 울리고 끊는 것도 좋겠다. 손가락을 세 번 튕기는 것도 좋겠어. 어쨌든 세 번이면 '사랑해'인 거야. 알았지?"

그녀는 그의 낭만적인 아이디어에 웃음이 터져 나왔다.

그 후 몇 달 동안 사랑의 신호 '세 번'으로 서로의 마음을 확인하며 즐거운 시간을 보냈다. 하지만 한편으로는 처량하고 고통스러운 방식이기도 했다. 사랑한다는 것은 분명 축복받아야 할 감정의 교류인데 남들에게 들킬까 봐 숨겨가며 은밀한 신호로 확인해야 한다니.

둘은 마침내 결혼을 결심했다. 하지만 둘 중 어느 누구도 잡지사로 자리를 옮기고 싶지는 않았다. 결국 비밀 결혼을 올리기로 했다. 결혼식은 다른 도시에서 가족끼리 인사를 나누는 것으로 대신하기로 했다.

그런 다음, 둘만의 장소에서 둘만의 결혼식을 따로 올리겠다는 계획이었다. 그가 작은 음식점 하나를 통째로 빌려 아기자기하게 장식을 하기로 했다.

모든 것이 계획대로 착착 진행되었다. 부모님을 설득해 가족 식사 자리를 만들었고, 사랑하는 사람들의 축복을 받으며 행복한 부부로 맺어질 수 있게 되었다.

"앗! 그걸 깜빡했네. 잠깐만 다녀올게."

식당에서 다급하게 뛰어나간 그는 다시는 돌아오지 못했다. 근처 백화점에서 나오는 그를, 급발진 차량이 맹렬한 속도로 덮친 것이다. 소식을 들었을 때, 그녀는 눈물조차 흘리지 못했다. 그가 식당에서 뛰어나간 이후로 모든 것이 멈춘 것 같았다.

그녀는 건강상의 이유를 들어 회사에 사표를 냈다. 이제 그녀의 삶에는 더 이상 사랑도 희망도 없었다. 그의 죽음이 모든 것을 함께 가져가버린 것만 같았다. 그런데 회사에서는 사표를 받아주지 않았고 장기 휴가로 처리해주겠다고 했다.

그의 어머니가 찾아왔다. 그녀를 안고 울던 어머니는 아들이 마지막까지 손에 쥐고 있던 것이라며 조그만 상자를 그녀에게 내밀었다. 세게 움켜쥐는 바람에 구겨진 상자.

그 안에는 만년필이 들어 있었다. 만년필을 살펴보던 그녀는 뭔가를 발견하고 왈칵 눈물을 쏟고 말았다. 만년필 뚜껑 한쪽에 작은 글씨가 새겨져 있었다.

'3'

이 만년필로 취재 메모를 할 때에도 잊지 말라는 듯이었을까. 그의 결혼 선물이자 그가 그녀에게 마지막으로 남겨준 마음.

그렇게 한 달쯤 흘렀다. 문화부 동료들이 그녀의 생일을 맞이해 집에 놀러 왔다. 반가운 마음으로 동료들을 맞이했지만 가슴이 먹먹해져 자꾸 깊은 숨을 들이켜야만 했다.

모두가 모였는데, 그 사람만 없다. 전부 이렇게 살아 있는데. 이제 누가 그녀를 사랑하는 마음으로 책상을 세 번 두드리고, 전화를 세 번 울리고, 손가락을 세 번 튕길 것인가.

그녀의 마음을 모르는 동료들은 건강을 염려해주는 한편 안타깝게 죽은 그와의 추억을 이야기하며 술잔을 기울였다.

"저기 봐! 야경이 아주 멋지네. 당신은 좋겠어. 이런 야경을 매일 볼 수 있으니 말이야."

동료 하나가 창밖을 내려다보면서 말했다.

그때 갑자기 거실의 조명이 꺼졌다. 정전이 된 것 같았다.

"아!"

사람들이 놀라며 무언가 말하려는 순간 다시 불이 들어왔다. 그런데 조명은 사람들이 안도할 틈을 주지 않고 다시 꺼졌다. 그러고는 곧바로 켜지고 꺼졌다가 다시 들어 왔다. 모두 합해 세 번이었다.

그녀는 하마터면 소리를 지를 뻔했다.

'사랑해.'

그가 온 것이다. 이제 그만 슬퍼하고 너의 삶을 살라고, 행복하라고 말해주기 위해서. 나는 저쪽에서 잘 있으니까 이제 안심하라고.

그녀는 책상 위에 놓인 만년필을 바라보았다. 방금 그의 속삭임은 분명, 죽음이 끝이 아님을 의미하는 것이었다. 그러니까 이제는 삶으로 돌아가 다시 펜을 잡으라는 메시지였다.

그렇게 참으려고 노력했음에도 눈물이 흘러 그녀의 턱 밑으로 떨어졌다. 동료들의 눈에도 눈물이 고였다. 동료 중 누군가가 손에 쥐고 있던 이상한 장치를 주머니에 감추면서 살짝 고개를 끄덕였다. 다른 동료가 눈물을 닦으며 미소를 지었다.

그들은 '3'의 의미를 이미 알고 있었던 것이다.

사랑해
;

『오늘, 뺄셈』(예담, 2013)이라는 책에서 읽은 내용을 간추린 것이다.

이 이야기를 읽을 때마다 '세 번'에 또 다른 의미를 부여해보기도 한다.

첫 번째는 '나에게 당신은 가장 소중한 존재'라는 의미로, 두 번째는

'자고 일어나면 모든 게 달라질 세상에서도 나의 사랑은 여전하다'

라는 의미로, 마지막 세 번째는 '사랑이 앞으로도 영원히 이어질 것'

이라는 다짐으로.

사랑의 감정을 되새기고 로맨틱한 감동을 받고 싶을 때마다 이 글을

찾아 반복해서 읽게 된다.

알고 보면
든든한 언덕

어느 조직에나 '악역'이 있다. 어떤 악역은 마치 내게 시련을 주기 위해 이 세상에 존재하는 사람처럼 여겨지기도 한다.

입사 후 그녀가 처음 배정된 부서의 팀장 별명이 '마우스 헌터'였다. 후배들을 쥐 잡듯 몰아세운다고 해서 붙은 별명이었다.

"이렇게 해봤어?"

"정말이야?"

"근거를 내놔 봐."

예전에는 입사 동기들 가운데 가장 잘나갔다고 하는데 승진

225

에서 몇 번 물먹은 뒤로는 원래 이상했던 성격이 더 이상해졌다는 게 다른 선배들의 분석이었다.

보고서나 기획안을 준비할 때마다 피가 말랐다. 어떻게 준비해도 팀장의 쥐잡기에서 벗어날 방법이 없었다. 몇몇 선배는 극심한 스트레스 때문에 위장병은 물론 원형 탈모까지 걸렸다고 털어놓기도 했다.

그녀 역시 보고서를 제출했다가 호되게 당하고는 모멸감에 며칠 동안 잠을 이루지 못했다. 마음속으로 사표를 썼다가 찢기를 몇 번이나 반복했다.

그러다 그녀는 돌이킬 수 없는 실수를 저지르고 말았다. 거래처와의 회의 중에 나온 '기분 나쁜 얘기'를 홧김에 익명으로 인터넷 게시판에 올린 게 화근이었다.

분풀이를 하면서도 딴에는 업무 특성과 관련된 부분을 최대한 걸러냈다고 생각했다. 하지만 사람들이 글을 여러 곳으로 퍼다 나르는 과정에서 업계 사정을 알 만한 이들의 주목을 받게 되었고, 마침내는 두 회사의 실명이 박힌 제목으로 퍼져나가고 말았다. 회사에 대한 부정적인 댓글들이 달리기 시작했다.

당사자인 그녀는 그 사실을 잊고 있다가, 긴급회의에서 돌아온 팀장이 한바탕 쥐잡기를 한 뒤에야 한 뭉치의 글이 언덕을 굴러 마침내 산사태를 일으켰음을 뒤늦게 깨달았다. 언론사 기자들에게서 확인 전화가 오는 것은 이제 시간 문제였다. 어딘가에 기사라도 나간다면 회사에 대한 여론이 급속히 악화될 게 뻔했다.

그녀는 사색이 되어 자신의 실수를 인정했다. "욱하는 마음에 글을 쓴 것은 맞지만 우리 팀과 회사에 피해가 돌아올 줄은 몰랐다"라고 해명했다. 정신 줄을 반쯤 놓은 그녀를, 팀장이 끌고 나와 택시를 탔다.

"당신은 입 다물고 있어. 내가 알아서 할 테니까."

택시는 거래처인 B회사를 향했다. 팀장은 상대편 임원과 담당 간부를 만나자마자 정중하게 사과부터 했다. 그녀도 깊이 고개를 숙였다.

급속도로 퍼진 문제를 풀어가기 위한 '긴급 실무자 협의'가 시작되었다. 팀장은 수비와 공략을 절묘하게 넘나들면서 B사 사람들과 문제의 핵심을 짚어냈고 수시로 회사에 전화를 걸어 보고를 하면서 지시를 받았다.

점심을 거른 대책회의 결과가 곧바로 두 회사 홈페이지에 반영됐다. '일부 온당치 못한 관행이 있었음을 인정하고 고객 및 주주 여러분께 사과를 드리며, 양사가 문제점을 적극 개선하는 한편 더욱 긴밀한 협력관계를 다지기로 했다'라는 내용이었다.

걷잡을 수 없을 것으로 보였던 문제가 두 회사의 한발 앞선 초동 대처로 몇 시간 만에 진정됐다.

그녀는 상벌위원회에 회부되어 3개월 감봉 조치를 받았다. 부서 안에서도 역할이 조정돼 다른 일을 맡게 되었다. 팀장이 위원들을 설득해서 징계의 수준이 낮아졌다는 후문이 들렸다.

그녀는 부서 회식 자리에서 팀장에게 거듭 사과하고 감사 인사를 전했다. 그러자 팀장은 이렇게 대답했다.

"착각하지 마. 당신을 위해서 그런 게 아니야. 어떻게든 해결해야 하는 일이고⋯⋯. 내 부하의 잘못도 어쨌든 내 책임이니까."

이상하게도 그 얘기를 들은 이후로는 팀장이 쥐잡기를 할 때에도 그다지 무섭게 느껴지지 않았다. 나쁜 선배가 아니라는 확신이 들었기 때문이다.

사회생활 경험이 많은 선배들의 분류에 따르면 '나쁜 선배'는 자신의 이익을 위해 후배를 일방적으로 착취하고 희생시키는 사람이다. '좋은 선배'는 공동의 이익을 위해 후배와 함께 좋은 결과를 만들어내는 사람이다. '최고의 선배'는 후배가 가진 가능성을 최대한 끌어낼 수 있도록 자극하고 아낌없이 지원해주는 사람이다.

그녀는 팀장이 최고까지는 몰라도 '꽤 좋은 선배'라고 생각한다.

"이 결론의 근거가 대체 뭐야? 확신한다고? 당신이 확신한다고 나까지 그걸 믿으란 법이 어디 있어?"

팀장의 쥐잡기가 또 시작됐다. 그녀는 속으로 웃으면서 대답했다.

"여기 첨부한 자료를 보면요……."

이제부터는 팀장의 말을 담금질이라고 생각하기로 했다. 때로는 아플 때도 있겠지만, 달구고 두드리고 식히는 과정을 통해 그녀 역시 '그런대로 괜찮은 선배'로 성장해갈 테니까.

선배

;

좋은 선배는 '비빌 언덕'과도 같은 존재다.

평소에는 한발 물러서서 일이 돌아가는 상황을 지켜봐준다. 그러다 일이 어려워지면 앞에 나서서 책임을 걸머진다. 때로는 후배들의 방패가 되어주기도 한다.

좋은 선배 한 명만 있어도 조직의 빛깔이 달라진다. 어쩌다 곤란한 상황에 처해도 금방 딛고 일어나는 회복탄력성을 발휘한다. 좋은 회사인지를 가늠하는 데 복잡한 기준을 적용할 필요가 없다.

좋은 선배를 키워내는 문화를 가진 회사가 좋은 회사다.

날카로운 화살을
겨누는 스승

일찌감치 공자가 말했다.

"셋이 길을 가면 그중에는 반드시 스승이 있다."

그러나 공자는 한 가지 중요한 사실을 언급하지 않았다.

"셋이 길을 가면 그중에는 반드시 좋지 않은 마음을 품은 이도 있다."

어딜 가나 화살 같은 사람이 있다. 관심을 보이며 다가와 친한 척하다가 어느 정도 파악하고 나면 날카로운 혀로 화살을 만들어 아픈 곳을 찌른다.

그녀가 옮긴 직장의 여자 선배가 그랬다. 처음에는 A부터 Z까지 알려주며 자상하게 대해주었다. 그런데 점점 선배의 말에서 쓴맛이 느껴지기 시작했다. 묘하게 불쾌하게 만들거나 상처 주는 말들이 많아졌다.

이를테면 이런 식이었다. 새로 산 예쁜 옷을 입고 출근하면 위아래로 훑고는 한마디.

"이따가 밤에 또 출근할 데가 있나 봐? 그런 걸 입고 나오게."

몇몇 동료들이 말했다.

"그 선배 히스테리가 있어서 그러니까 조금만 참아. 누군가 새로운 대상이 나타나면 괜찮아질 거야."

하지만 당하는 입장에서는 하루하루를 넘기는 게 지옥 같았다.

SNS 친구를 거절할 수 없었던 것도 빌미가 되었다. 하루는 선배가 회식 자리에서 밑도 끝도 없이 오래전 이야기를 꺼냈다.

"옛날 사진 보니까 완전히 다르더라."

그녀가 대답할 틈도 없이 속사포처럼 쏘아대는 선배.

"자세히 보니까 쌍꺼풀도 없고 콧날도 없더라. 뚱뚱하고……."

겉으로는 웃었지만 속으로는 분노가 끓어오르는 걸 참기 힘들었다. 왜 지나간 일들까지 들춰내어 사람들 앞에서 무안을 주는 것인지.

동료들의 말과는 달리 시간이 지나면서 나아지기는커녕 갈수록 심해지기만 했다. 선배는 무슨 일에서든 트집을 잡아 뼈 있는 말을 해댔다. 그럴 때마다 꾹 눌러 참았다가 화장실에 가서 물을 내리면서 잠깐씩 울었다.

심리상담을 받고 나서야 마음을 추스를 수 있었다. 상담 전문가는 그녀에게 '그 사람이 왜 그럴 수밖에 없는지' 살피며 이해해보라고 했다. 스스로 마음의 여유가 없기 때문에, 혹은 궁지에 몰려 있기 때문에 그 분노를 남에게 전가하는 경우가 많다는 얘기였다.

선배가 지나치듯 말하던 이야기와 동료들에게 전해 들은 이야기를 돌이켜보니 여러 가능성이 있었다. 상사의 총애를 빼앗아간 예전 후배에 대한 배신감과 복수심, 승진에서 누락됐을 때 받은 상처, 부서 안에서 입지가 좁아진다는 조바심, 그녀 하나만 바라보는 무능력하고 의존적인 식구들에게 느꼈을 좌절감……

그런 여러 요인들이 선배의 자존감을 갉아먹고, 분풀이 대상을 찾도록 몰아가고 있을 터였다. 누구든 걸려들면 날카로운 화살을 쏘아 괴롭히고는 '내가 그나마 낫다'라는 안도감을 확인하는 일상.

선배가 그럴 수밖에 없는 이유를 짐작하면서 마음이 조금은 편해졌다. 한편으로는 안됐다는 생각이 들기도 했다.

회식 자리에서 선배가 또 과거의 용모를 들먹이며 그녀를 자극했다.

"자기, 옛날 사진 보니까 전혀 다른 인간이더라. 쌍꺼풀도 없고 코도 좀 그렇고. 근데 그때는 왜 그렇게 뚱뚱했던 거야?"

그녀는 준비한 대로 헤실헤실 웃으면서 대꾸해주었다.

"그래서 견적이 엄청 나왔잖아요. 저희 집 기둥뿌리 뽑아서 만든 게 겨우 이 정도예요."

그 말에 다른 직원들이 유쾌하게 웃었다. 선배는 자기 의도대로 풀리지 않아서 속상했는지 한마디 덧붙였다.

"안됐네. 왜 그러고 살았어?"

그런 트집 또한 예상대로였다. 주저 없이 대꾸해주었다.

"그러게요. 왜 그러고 살았나 모르겠어요. 그래도 조금이나마 나아졌으니 천만다행이잖아요?"

약점을 찌르던 예리한 화살이 무용지물로 변해버리는 순간이었다. 곰곰이 생각해보면, 남의 약점을 공격하는 사람은 그저 활시위만 당겼다 놓는 것일 수도 있다. 이미 지나가버린 과거의 일이라면 대개는 빈 화살일 때가 많다.

하지만 적지 않은 사람이 활시위를 당기는 것만으로도 아파한다. 아픈 자리에 어느새 화살이 꽂혀 있기 때문이다. 그건 상대방이 아니라 스스로가 갖다 꽂은 화살이다.

깊이 상처받는 경우는 대부분 그렇다. 때로는 의미 없는 약점

공격에 최후의 일격을 가하는 주체는, 그 누구도 아닌 지나치게 의미를 부여하는 자신이다.

하지만 스스로를 상처에서 지켜내는 사람의 마음에는 누군가가 아무리 화살을 겨눠봐야 소용이 없다. "그게 뭐? 어때서?"라고 당당할 수 있다면 그만이다.

세상은 호락호락하지 않다. 선배에 대한 평판은 꾸준히 내리막길을 걸었다. 위기감을 느낀 선배는 결국 다른 직장을 수소문해 도망치듯 떠나버렸다.

그녀는 선배를 통해 두 가지 교훈을 얻었다. 하나는 확신에 찬 말을 자주 하는 사람은 경계해야 한다는 것. 그런 사람은 주변 사람을 만만히 여기고 지배하려 할 가능성이 높다. 다른 하나는 과거를 돌아보며 현재에 감사하는 지혜. 예전에 비하면 지금의 자신은 그야말로 '용' 된 것이다. 스스로에게 만족하기 때문에 선배의 집요한 공격을 잘 버텨낼 수 있었다.

"셋이 길을 가면 그중에는 반드시 스승이 있다"라는 공자의 말은 넓은 의미에서 맞는 말이 아닌가 싶다. 약점을 화살로 찔러 아프게 깨닫게 해주는 이도 분명, 스승은 스승이니까.

;

우리의 인생을 변화시키는 사람.

친구들과 학창 시절 얘기를 나누다 보면 자주 등장하는 선생님은 오히려 독특한 별명을 지닌 무서운 선생님들이다. 당시에는 악마로 불렸지만 지나고 보니 그분들 나름의 방식으로 좋은 인생을 살라는 가르침을 전한 것이다. 세월이 흐른 뒤에도 여간해서는 기억에서 사라지지 않는다.

학교를 졸업한 뒤에도 우리는, 멘토를 자처하는 스승을 심심치 않게 만난다. 사회생활이란 역시 녹록치 않아서인지 그중에는 나쁜 의도로 우리 인생을 바꾸려는 이가 적지 않다. 그들에게 시달리는 과정 또한 '산 교육'이 아닐까 한다, 그런 사람은 잘 피해야 한다는.

그 또한 지나고 나면 고마운 일이니 주변 사람 모두가 스승이다.

동창회 우울증에서
탈출한 아침

아내가 현관에서 반겨주며 물었다.

"어땠어? 오랜만에 동창들 만나니까 재미있었어?"

그는 어물쩍 넘어가려 했다.

"응? 아…… 좋았어."

그러자 아내가 자기 이야기를 늘어놓았다. 아이 유치원에서 일어난 일이며, 마트에서 만난 다른 아이 엄마 소식, 처형과 전화로 수다를 떤 이야기가 줄줄 이어졌다. 그는 대꾸를 해주면서 세수를 하고 이를 닦고 잠옷으로 갈아입었다.

불을 끄고 침대에 누웠지만 잠이 오지 않았다. 아내가 읽었다는 책 이야기를 한 귀로 흘려들으며 뒤척거렸다.

"자기, 오늘 무슨 일 있었지?"

모로 누운 그의 뒤통수에 아내의 한마디가 날아와 꽂혔다. 그는 자기도 모르게 흠칫 놀랐다. 부정해 보았지만 아내는 놓치지 않았다. 거듭되는 부정에도 평소에 늘 그렇듯이 아내는 흔들림 없이 집요하게 추궁했다. 그 또한 항상 그랬듯이 백기를 들고 투항하고 말았다. 이실직고하는 수밖에 없었다.

15년 만에 참석한 동창회에서 그는 많이 놀랐다. 의외의 얼굴들이 예상치 못한 명함을 들고 나타난 것이다. 벤처 기업을 창업해 대박을 낸 녀석부터 처가 덕에 웨딩홀 가맹점의 임원이 된 녀석, 일찌감치 유학을 선택해 외국계 금융사의 한국 현지 법인으로 파견 나왔다는 녀석 등.

모임에서는 그런 이야기를 듣느라 바빠 이런저런 생각을 할 틈이 없었다. 그런데 집으로 돌아오면서 기분이 가라앉기 시작했다. 모두 잘나가는데 혼자만 제자리걸음을 하는 것 같았다. 집에 도착할 즈음에는 서글퍼졌다. 다람쥐 쳇바퀴처럼 돌아가는 삶에 과연 희망이라는 게 있기나 한 것인지.

아내가 잠자코 듣다가 물었다.

"성공했다는 그 사람들, 혹시 자기가 고등학교 때 깔보던 친구들 아니야? 날라리였다던가 뭐 하나 잘하는 게 없었다던가."

"그건, 아……"

미처 대답하지 못했다. '아니다'라고는 단언할 수 없었다. 그는 변명을 했다.

"사람은 누구나 자기가 특별하다고 생각하잖아. 그 시절에는 좀 더 그랬고. 성적으로는 도무지 끝에서 어디쯤에 있는지도 모르는 녀석들이었으니까."

그때는 그랬다. 공부 잘해서 좋은 학교 나와 좋은 회사에 들어가면 그걸로 인생이 완성되는 줄 알았다.

어둠 속에서 아내가 웃었다. 하얀 이가 드러났다.

"깔봐서 더 아팠던 거 아닐까. 자기가 보기에는 밑바닥에 있어야 할 친구들인데 성공해서 나타났으니까. 그런 친구들에 비하면 열심히 성실하게 살았지만 이뤄놓은 게 별로 없고. 그래서 서글프고 억울한 생각이 든 거 아니야?"

깔봤기 때문에 더 아팠는지는 알 수 없다. 하지만 뭔가 부조리하고 억울하다는 생각이 든 것은 사실이었다.

아내가 독특한 주장을 폈다. '열등감 쩌는 문화'의 영향이라는 것이다. 누군가가 블로그에 쓴 서평에서 읽었다나. 가족 문화나 사회 분위기가 열등감에 지나치게 민감하다 보니 사람들이 자기 기준을 갖기 어렵다는 얘기였다.

어린 시절부터 부모의 턱없이 높은 기대를 받으며 자라서 모든 면에서 남과 비교하는 습관이 깊이 배어 있는 어른이 된다. 자기만 못한 사람을 보며 우월감에 안도하고, 자기보다 성공한 사람을 보면 열등감에 힘겨워하거나 애써 흠집 낼 거리를 찾는다.

부모가 된 뒤로는 그러지 말아야지 하면서도 아이를 다른 집 아이와 비교하고야 만다. '우리 아이가 최고'라며 괜히 아이를 치켜세우거나 다른 아이보다 못하면 수치심으로 아이를 달달 볶는다. 모든 게 비교 대상이 되다 보니 '열등감 쩌는 문화'로 이어진다.

아내는 그런 어리석은 문화가 가정은 물론 사회 전반에 물질적인 고통보다 더한 불행을 안겨준다고 열변을 토한다. 결국 이야기의 주제가 아내의 단골 소재인 '아이 교육이 어떻게 달라져야 하는가'로 이어지자 그는 자장가 삼아 코를 골기 시작했다.

다음 날, 아침을 먹는데 아내가 태블릿 컴퓨터를 가져와 마주 앉았다.

"자기한테 위로가 될 만한 시가 있네. 잘 들어봐."

많은 사람들이 실제의 자신과 다른,

뭔가 중요한 사람이 되고 싶어한다.

그런 사람이 되지 말아라.

당신은 이미 중요한 사람이다.

(…)

자부심이란 다른 누구도 아닌
오직 당신만이 당신 자신에게 줄 수 있는 것.

(…)

다른 사람들이 당신에 대해서 뭐라고 하든
어떻게 생각하든 개의치 말고
심지어 어머니가 당신을 사랑하는 것보다도
더 자기 자신을 사랑해야 한다.

- 어니 J. 젤린스키, 「나를 사랑하라」 중에서

자부심
;

상대적인 열등감으로부터 둔감해지는 방법이 하나 있다.

'다 아는 사람'이 되기보다 '뭐든 배우는 사람'이 된다. 그러면 하루

하루 늘 새롭게 배우는 호기심으로 가득 찬다. 누구에게든 날마다

신선한 배움을 얻을 수 있으며, 남과 비교해 우월감이나 열등감을

찾아낼 이유 또한 없다.

"아! 그렇군요."

이렇게 대답하는 것만으로도 충분하다.

자부심이 있는 사람만이 격의 없이 타인을 받아들이고 인정할 수 있

으며 따라서 어디를 가든 중요한 사람으로 존중받을 가능성이 높다.

착한 척하지
않아도 돼

유난히 다른 사람의 눈을 의식하던 시절이 있었다.

나의 모든 게 부끄러웠고 나를 보는 타인의 시선에서 괜스레 모멸감을 느끼며 주눅이 들었다.

무엇 하나 내세울 것이 없으니 나는 최소한 '좋은 사람'이 되어야겠다고 생각했다. 좋은 사람이 되기 위해 무조건 남들에게 맞춰주었다. 서운하거나 불쾌한 일이 있어도 좋은 사람이어야 한다는 생각에 내색하지 못했다.

하지만 어느 순간 깨달았다. 애써 착한 척해봐야 정말로 좋은 사람이 될 수는 없다는 사실을. 남들을 불편하게 하지 않으려고 나름대로 노력한들 '너의 존재가 자체가 불편'하다는 사람에게는 달리 방법이 없다.

살다 보면 누구에게나 좋은 사람이 되기란 힘들다. 좋고 싫은 감정은 본인조차 그 이유를 정확히 모를 때가 많기 때문이다. '그냥'인 것이다. 노력으로도 끝내 극복할 수 없는 취향의 차이이기도 하다.

결국, 좋은 사람으로 살아가기는 포기했다. 그런데 내가 좋은 사람이기를 포기했을 때 별다른 일은 일어나지 않았다. 하고 싶은 대로 거리낌 없이 살아가는데도 가까운 사람들은 그다지 신경을 쓰지 않았다. 그러려니 하는 것 같았다.

오히려 나를 불편하게 여기던 사람들이 못마땅해했다. 전에는 내가 그들을 신경 쓰느라 전전긍긍했다면 이제는 그들이 나를 의식하며 때로는 그럴 듯한 말로 포장해 나를 몰아세우기도 했다. 그런데 이상하게도 욕을 먹으면서 슬며시 안심이 되고 통쾌하기까지 했다. 그런 날은 두 발 뻗고 편하게 잘 수 있었다.

말기 암 환자를 오랫동안 간병해온 호주의 간호사가 '죽음을 앞둔 사람들의 다섯 가지 후회'를 정리했다.

첫째는 남들이 나에게 기대하는 인생이 아닌 나 자신에게 솔직한 인생을 살지 못했다는 것. 삶이 끝나갈 무렵에야 정작 자신의 꿈은 절반도 이루지 못했다며 한탄한다. 남의 시선을 너무 의식한 탓이다.

둘째는 그렇게 힘들게 일할 필요가 있었을까 하는 것. 일에 매달리느라 아이들의 어린 시절은 물론 배우자와의 즐거운 시간을 잃어버렸다는 후회다.

셋째는 자신을 있는 그대로 표현할 용기를 내지 못했다는 것. 사람들의 눈치 때문에 자기감정을 억누르느라 속앓이를 해야 했다는 얘기다.

넷째는 친구들과 자주 만나고 어울리지 못한 것을 못내 슬퍼했다. 바쁜 일상의 쳇바퀴를 도느라 황금 같은 우정을 잃었다는 후회다.

다섯째는 자신을 위해 좀 더 행복을 가꾸지 못했다는 것. 행복도 선택이라는 사실을 너무 뒤늦게 깨달았다는 것이다. 익숙함이라는 편안함에 빠져 행복을 포기했다는 아쉬움이다.

죽음을 앞둔 사람들의 다섯 가지 후회는 한마디로 '나답게 살지 못했다'라는 것이었다. 그들의 다섯 가지 후회를 읽으면서 마

음이 평화로워졌다.

그래, 내가 좋은 사람이 아니어서 다행이다. 그냥 이대로 모두에게 잘하려 하지 말고 가까운 이들에게 집중하자. 착한 척하느라 시간과 에너지를 낭비하지 말고 나답게 살아가야겠다는 결심.

착한 척하기를 포기하자, 비로소 근사한 나를 발견할 수 있었다. 자신감 있고 당당한 나. 다른 사람에게 휘둘리지 않는 나.

나답게

;

우리는 남에 대해서는 좋은 사람인지 아닌지 금방 판단하곤 한다.

대개는 나와 비슷하면 좋은 사람이고 다르면 고개를 갸웃거린다.

좀 더 따져보면 이해관계가 일치하거나 입장이 같으면 좋은 사람으

로, 이해관계나 입장이 다르면 나쁜 사람으로 낙인찍을 가능성이 높

다. 바람직한 것일까.

스스로에 대해서도 남의 평판에 의지하려고 한다. 남들이 어떻게 생

각하느냐에 따라 내가 좋은 사람인지 나쁜 사람인지 결정이라도 되

는 듯 좋은 사람으로 보이려고 애를 쓴다. 그럴수록 사람들 틈에서

피로감을 느낀다.

'좋은 사람'의 정의에 대해 새로운 관점이 필요하다. 내가 생각하는

좋은 사람이란, 스스로에게 좋은 사람. 그런 뒤에 타인에게도 일관

성이 있는 사람이다.

나답게 살려는 노력처럼 다른 사람 역시 각자 자신답게 살도록 취향

을 강요하지 않으며 다양한 선택을 있는 그대로 존중해주는 사람이

라면 좋은 사람이다.

좋은 일이 일어날
가능성

요즘 어딜 가나 피트니스 열풍이다.

건강과 다이어트 붐에 힘입어 우후죽순 피트니스 클럽이 개업한다. 그만큼 여러 곳이 금세 간판을 내리고 또 그보다 많은 피트니스 클럽이 생겨나지만 그럼에도 꾸준히 명맥을 이어가는 곳에는 공통점이 있다.

직원과 코치들이 또렷한 목소리로 인사를 건넨다는 점이다. 눈을 마주치면 "안녕하십니까" 하고 고개 숙여 인사를 한다. 운동을 끝내고 샤워장에서 만나면 "수고하셨습니다" 인사를 하고 헤어질 때에도 "또 뵙겠습니다" 잊지 않고 인사를 한다.

처음에는 어색하고 부담스러워서 거부감이 든 것도 사실이다. 하지만 익숙해지면서 자신감이나 에너지가 느껴졌다. 몇 군데 피트니스 클럽을 다녀보니 '되는 곳'과 '안 되는 곳'의 인사는 확실히 느낌이 달랐다.

피트니스 클럽만이 아니다. 식당이나 옷 가게, 회사, 거래처 어디를 가든 활기찬 인사가 있는 곳에서는 좋은 일이 일어날 것만 같았다.

그래서 '실패에게까지 인사를 하라'라는 말이 있는 모양이다. 현명한 사람은 실패가 찾아와도 한껏 반기면서 가르침을 청한다는 것. 실패를 문전 박대하면 빈정 상한 실패가 더 많은 친구를 데리고 돌아오기 때문이란다. 이를테면 반목이나 핑계, 다툼, 결별 같은 것들.

인사는 상대방이 있어야 할 수 있지만 근본적으로는 자신을 위한 일이다.

인사
;

'야구의 신'으로 불리는 김성근 감독이 이런 말을 했다.

"인사를 안 한다는 것은 상대에 대한 존중이 없다는 것이고, 존중이 없다는 것은 겸손이 없고, 겸손이 없으면 오만하다는 뜻이다. 오만은 자신의 실력을 제대로 모른다는 것이다. 이런 선수들로는 승부의 세계에서 살아남을 수 없다. 그래서 선수들에게 가장 먼저 가르친 게 인사하는 것이었다."

잘 지내나요, 당신

SNS에 글이나 사진을 올리면 '좋아요' 반응과 댓글 수십 개를 순식간에 모으는 사람. SNS에 궁금한 것을 물어보면 얼마 지나지 않아 A부터 Z까지 풍부한 정보를 얻을 수 있는 사람.

'마당발'로 불리는 사람을 보면 늘 부러웠다. 아는 이가 많은 차원을 넘어 수많은 사람에게 인정받는 것 같았다. 또한 사람들의 관심에 둘러싸여 편안하게 소통하고 도움을 주고받는다는 점에서.

그래서 따라 하고 싶은 생각에 억지로나마 글을 올리고 무리하게 설정 사진도 찍어 올려보았다. 하지만 결과는 언제나 같았다. '좋아요' 두세 개에 어쩌다 하나쯤 달리는 댓글. 애써서 되는 일이 아니었다.

사실 내가 바란 것은 잘 지내는지 안부를 물어주는 사람이다. 수많은 사람과 어울리며 살아가지만 때로는 사람들로 인해 부대끼고 숨이 콱콱 막히는 사막 같은 세상에서 사심 없이 안부를 물어주는 몇몇이 있다는 게 얼마나 다행한 일인지.

잘 지내는지 궁금한 누군가가 떠오른다면, 그것 역시 마찬가지다. 내가 누군가의 안부를 묻는다는 것은 상대를 염려해준다는 의미다. 그것은 무의식중에 이런 마음을 상대에게 전하는 것과 같다.

'당신은 혼자가 아니랍니다.'

1964년 일본 도쿄 올림픽이 열렸을 때다. 스타디움을 확장하기 위해 멀쩡한 건물을 허물어야만 했다. 공사 인부들이 지붕을 벗기다가 도마뱀 한 마리를 발견했다. 도마뱀은 꼼짝도 못 하고 있었다. 살펴보니까 뒷다리에 큰 못이 박혀 있었다.

건물 주인에게 확인한 결과, 그 못은 건물을 짓던 3년 전에 박은 것이 분명하다고 했다. 그 사실에 모두 깜짝 놀랐다. 도마뱀

은 뒷다리에 못이 박힌 채로 어떻게 3년 동안 생존할 수 있었을까. 놀라운 일이었다.

건물 주인과 공사 관계자들은 궁금증을 풀기 위해 공사를 중단해보기로 했다. 이내 신기한 광경을 목격할 수 있었다.

다른 도마뱀 한 마리가 나타나 꼼짝 못 하는 녀석에게 먹이를 물어다 주는 것이었다. 마치 매일매일 안부를 확인하는 것처럼. 다리에 못이 박힌 도마뱀이 3년이라는 긴 세월 동안 살아남은 비결이었다.

안부

;

많은 사람의 관심을 받고 도움을 주고받을 수 있다면 좋은 일이다.

하지만 그 대상이 많다고 안심할 일도, 적다고 낙담할 일도 아닌 것

같다.

서로 안부를 자주 확인하는 몇 사람만 있다면 그것만으로도 충분한

삶이다. '아는 사람' 천 명보다는 '마음을 챙겨주는 사람' 몇 명이 훨

씬 소중하다는 걸 이제는 안다.

부모가 되어서도
짐작하기 어려운 미스터리

그의 고향은 경남 산청, 지금도 여전히 산골 농촌 마을이다.

아버지는 가정 형편이 어려운데도 그를 일찌감치 대구로 유학을 보냈다. 대구중학교에 들어간 그는 공부를 싫어했다.

1학년 8반, 석차는 68명 가운데 68등, 꼴찌였다.

그는 어린 마음에도 부끄러운 성적표를 들고 고향에 돌아갈 자신이 없었다. 더구나 아버지에게 꼴찌 성적표를 내밀 수는 없었다.

아버지는 가난한 소작농이었다. 끼니를 제대로 잇지 못할 때도 있었다. 그러면서도 아들을 대도시의 중학교에 진학시켜주었다. 당신이 제대로 교육받지 못한 한을 자식을 통해 풀고자 했는데, 꼴찌라니…….

그는 결국 성적표를 조작하고 말았다. 성적표의 숫자를 '1/68'로 고쳐 아버지에게 보여드렸다. 아버지는 학교에 다닌 적이 없으므로 그가 고친 성적표를 알아보지 못할 터였다.

대도시로 유학간 아들이 돌아왔으니 친지들이 몰려들었다.

"찬석이는 공부를 잘했더냐?"

아버지가 우물쭈물하는 그를 대신해 대답했다.

"앞으로 봐야재. 이번에는 어쩌다가 1등을 했는가배."

친척들이 감탄을 했다.

"아이쿠. 자식 하나는 잘 뒀어. 1등을 했으면 잔치를 해야재."

그의 집은 소작농 중에서도 가장 가난한 집이었다.

그런데 다음 날, 그가 강에서 멱을 감고 돌아오니 아버지가 돼지를 잡아 동네잔치를 벌이고 있었다. 돼지는 그의 집 재산 목록 1호였다. 작은 거짓말 때문에 큰 일이 벌어진 것이다.

"아부지……."

아버지를 불러놓고도 다음 말을 할 수가 없었다. 그는 집을 뛰쳐나갔다. 뒤에서 그를 부르는 소리가 들렸지만 뒤도 돌아보지 않았다.

겁에 질린 그는 강으로 가서 죽어버리고만 싶었다. 강에 뛰어들어 물속에서 숨을 멈춘 채 버티기도 했고 주먹으로 머리를 내리쳐보기도 했다. 그러나 죽을 수 없었다.

🌷 🌷 🌷

그로부터 17년 뒤에 그는 대학교수가 되었다. 그리고 그의 아들이 중학교에 입학했을 때, 그러니까 그의 나이 마흔다섯이 되던 어느 날, 부모님께 30여 년 전의 일을 털어놓고 사죄하려 했다.

"어무이…… 저 중학교 1학년 때 1등은요……."

말씀을 드리려는데 옆에서 담배를 피우던 아버지가 막았다.

"알고 있었다. 그만해라. 민우가 듣는다."

자식이 성적을 위조한 것을 알면서도 재산 목록 1호인 돼지를 잡아 잔치를 벌인 부모님 마음을, 그럼에도 손주 앞에서 입단속을 하는 아버지 마음을, 자식을 낳고 박사에 교수가 된 지금도 그는 여전히 짐작하기 어려웠다.

부모

;

오래전부터 몇 번인가 꺼내 읽은 글이다.

지금은 부모의 입장이 되어 아이를 키우면서도 여전히 짐작이 가지

않는다. 다만 한 가지 확실히 느껴지는 게 있다. 더욱 의연하게 내

앞에 놓인 길을 걸어가야겠다는 생각.

이 글의 주인공 역시 감히 짐작하기 어려운 품을 지닌 부모를 보고

훌륭하게 성장했다. 자식은 부모의 뒷모습을 보고 배운다고 하니까

나 또한 내 아이에게 그런 부모가 되어주고 싶다.

그러면
저 녀석은?

이혼하면서 양육권을 그녀가 갖는 조건으로 전 남편의 부채 가운데 상당 부분을 넘겨받았다. 결국 3년 남짓한 결혼이 그녀에게 남긴 선물은 돌을 갓 넘긴 아들과 1억 원에 가까운 빚더미였다.

그녀는 그래서 더욱 신나고 활기차게 살아야 했다. 엎어지거나 주저앉았다가는 전 남편에게 지는 꼴이니까. 선배들의 도움으로 어렵지 않게 재취업을 했다. 아이는 친정 엄마에게 맡기고 야근에 주말 특근까지 마다하지 않았다. 처음에는 '독종'이라며 슬슬 피하던 동료들도 그녀의 사정을 알고 나서는 음료를 사다 주는 등 격려를 해주었다.

그렇게 바쁜 한 해가 저물어 갈 즈음에 K가 친구들을 수소문 했다며 전화를 걸어왔다. 초등학교 때 같은 반이었지만 대학에 들어가서야 동창 모임에서 만나 잠시 친하게 지내던 친구. 마침 회사가 근처라서 점심을 자주 먹으며 다시 가까워졌다.

몇 달이 지난 뒤에 K가 진지한 눈으로 말했다.

"많이 힘들어 보여. 나한테 기대줬으면 좋겠는데."

그녀는 펄쩍 뛰었다. 그런 소리 하려면 보지 말자고. K는 한 발짝 물러섰다가는 다시 두 발짝, 세 발짝 천천히 다가왔다.

회사에서 안 좋은 일이 있던 날에는 엉망으로 취한 그녀를 집에 업어서 데려다주기까지 했다. 친정 엄마는 그런 K가 마음에 쏙 드는 눈치였다. 은근히 재혼 의향을 떠보는 엄마에게 그녀가 화를 버럭 냈다.

"엄마는 왜 우리 입장만 생각해? 엄마가 K 엄마라면 서른둘밖에 안 된 막내아들이 애 딸린 이혼녀 데리고 나타나면 얼씨구나 하겠어? 욕심부릴 걸 부려야지."

그런데 K가 상황을 만들어냈다. K의 어머니는 거센 반대 끝에 아들의 선택을 진심으로 받아들였다. 어머니는 처음 가족 모임에서 아이를 보자마자 푸근하게 안아주며 눈물을 글썽였다.

"그래. 네가 내 손주가 됐구나."

K의 두 형과 형수들도 상처 주지 않을까 조심하며 그녀와 아이를 존중해주었다. 가족들만 참석한 가운데 결혼식을 올렸다. K가 그녀의 남편이자 아이의 아빠가 되었다.

새로 꾸린 가정은 믿을 수 없을 만큼 행복했다. 남편은 아들과 함께 목욕하는 데 재미가 들렸다. 야근이 잦은 그녀와는 달리 일찍 귀가해 집안일을 마치는 것은 물론 소박한 요리까지 해놓고 그녀를 기다려주었다.

결혼 전에 '돈 문제로는 싸우지 말자'라고 했던 약속을 딱 한 번 어겼다. 그녀의 빚을 갚는 데 남편이 일부를 내주겠다고 고집을 부린 것이다. 새 출발을 하는 만큼 빚까지 완전히 털어버리자는 주장이었다.

새벽까지 말다툼을 벌이다가 결국 그가 그녀에게 차용증을 받는 걸로 매듭을 지었다. 그녀는 그 돈을 기필코 갚겠다고 몇 번이나 되뇌었다.

결혼 1주년을 맞이한 늦은 밤, 와인과 치즈를 놓고 두 사람만의 조촐한 파티를 열었다. 남편이 작은 상자를 내밀었다.

"선물이야."

그녀가 값비싼 보석인 줄 알고 인상을 쓰려 하자 남편이 손사래를 치면서 말했다.

"그런 거 아니야. 그냥 장난감이야."

상자를 열어본 그녀는 까르르 웃으면서 자지러졌다. 상자 속에는 빨간 방울 머리끈이 함초롬하게 들어 있었다.

"초등학교 때 네가 머리에 방울을 하고 있는 게 얼마나 귀여웠는지 몰라. 그때 내 소원이 너한테 그런 거 선물해주는 거였어."

그녀가 방울로 머리를 묶자 남편은 처음으로 로봇 선물을 받은 소년처럼 환하게 웃었다.

그녀가 말했다.

"미안해. 이렇게 귀한 선물을 이제야 받아서. 좀 더 일찍 받았더라면 좋았을 텐데."

남편이 말없이 고개를 끄덕였다. 와인 몇 잔에 알딸딸해진 그녀가 물었다.

"엄청 유치한 질문이지만, 다음 생에 다시 태어나도 나를 만나 사랑해줄 거야?"

남편이 환하게 웃으며 말했다.

"그럼 당연하지. 다시 태어나면 그때는 나한테 먼저 와야 해."

그러고는 뭔가 허전한 듯 고개를 갸웃거리다가 아이가 잠든 방을 향해 턱짓을 하면서 물었다.

"그러면 저 녀석은 어떻게 되는 거지? 저 녀석도 있어야 하는데."

인연

;

인연이란 참으로 묘하다. 이생에서의 인연으로 보아도 오묘한 일인데 때로는 전생, 혹은 다음 생에까지 이어질 인연에 대해 생각하게 된다. 만날 사람은 반드시 만나게 되어 있다고 하던가. 그래서인지 이 질문에는 애틋함이 묻어난다.

'다음 생에 다시 태어나도 날 사랑해줄 거야?'

보통 남자들은 이런 질문을 받으면 난감해한다. 다음 생이 있는지도 알 수 없거니와 다시 태어난다 한들 만날 수 있을지 누가 알겠는가. 그럼에도 "응" 하고 대답해주는 것은, 확인을 통해 연인 혹은 아내가 기뻐할 것이라고 짐작하기 때문이다.

그런데 남자들이 모르는 한 가지.

'다음 생에 다시 태어나도 날 사랑해줄 거야?'

이 말은 지금 당신과의 인연이 소중하고 행복하다는 것을, 그리하여 변함없이 당신을 사랑하고 있음을 질문으로 포장하여 표현한 것이다. 질문 뒤에 숨겨둔 여자의 마음을 헤아리면 오늘 당신의 인연을 행복하게 해줄 수 있을 것이다.

카이로스의 발에
날개가 달린 이유

이탈리아 토리노 박물관에는 낯선 조각 하나가 세워져 있다.

관광객들은 그 조각을 보면 자기도 모르게 슬며시 웃게 된다. 우습게 생겼기 때문이다. 사람 형상을 했으나 앞머리에는 머리 숱이 무성하고 뒷머리는 대머리다. 발뒤꿈치에는 날개가 달려 있다.

사람들은 이내 그 아래 새겨진 글의 의미를 깨닫고는 고개를 끄덕인다. 이런 내용이다.

내 앞머리가 무성한 이유는
사람들이 나를 보았을 때
덥석 붙잡을 수 있도록 하기 위해서다.
뒷머리가 대머리인 이유는
내가 지나가면
사람들이 다시는 나를 붙잡지 못하도록 하기 위해서다.
발에 날개가 달린 이유는
내가 그들 눈앞에서 최대한 빨리 사라지기 위해서다.
나의 이름은 기회의 신 카이로스다.

일찌감치 기회를 붙잡아 성공하는 사람들이 흔히 저지르는 실수가 있다. 성공을 당연하게 받아들이는 것이다. 그리고 오로지 자기 능력으로 그 자리에 오른 줄 안다.

기회는 늘 자기 주변에서 있다고 믿는다. 언제든 잡을 수 있을 거라고. 그래서 때로는 기회가 와도 다음으로 미뤄버린다.

시간이 흐른 뒤에야 깨닫는다. 이미 지나가버린 기회는 두 번 다시 돌아오지 않는다는 것을. 특히 인연이 그러하다. 가까이 있어서 영원할 줄 알았던 인연.

오
늘
약
말

기회

;

100원짜리 동전을 던졌을 때 앞면 또는 뒷면이 열 번 연속으로 나올 확률은 얼마나 될까? 불가능할까? 그렇지 않다.

전문가들은 그 확률이 1,024번에 한 번 정도라고 한다. 앞면 혹은 뒷면 모두 각각 열 번 연속으로 나올 확률 1/1024.

다시 말해 매일 열 번씩 던지는 실험을 한다면 3년에 두 번 정도는 기적 같은 경험을 할 수 있다는 말이다.

만일 당신이 30년을 살았다면, 지금까지 동전의 앞면 또는 뒷면이 열 번 연속으로 나오는 행운을 무려 스무 번이나 경험할 기회를 가졌다는 의미다.

그러니 기회를 놓쳐버렸다고 실망할 일만도 아니다. 앞으로도 시간은 충분하니까. 놓쳐버린 인연이라도 새로운 시작을 기대해볼 수 있다. 1,024번 시도해보겠다는 마음으로.

마음속으로
들어오게 하라

인도의 기독교인들 사이에는 '성인聖人'으로 불리는 선다 싱 Sundar Singh(1889~1929)이라는 사람이 있다.

그는 부유한 시크교 집안 출신으로 기독교에 대한 반감을 가지고 성장했으나 16세 때 죽음의 문턱까지 다녀오는 경험을 통해 기독교로 개종했다. 그 후 약 20년 동안 티베트 일대를 주유하며 사랑을 실천해 '맨발의 전도자'라는 별명을 얻었다.

선다 싱이 네팔 지역을 여행할 때 있었던 일이다. 그는 혹한의 날씨를 무릅쓰고 에베레스트 산 부근의 고원지대를 지나다 우연히 만난 여행자와 목적지가 같아 동행하게 되었다.

그런데 하늘이 어두워지더니 눈이 내리기 시작했다. 눈 때문에 방향을 짐작하기 어려운데다 세찬 바람까지 불어와 걷기조차 힘들었다. 하지만 출발한 마을로 돌아가기에는 이미 늦었다. 새로운 마을이 나타날 때까지 앞으로 나아갈 수밖에 없는 처지였다.

두 사람은 앞서거니 뒤서거니 가다가 눈 속에 반쯤 묻혀 신음하는 노인을 발견했다. 선다 싱이 노인의 상태를 확인하고는 말했다.

"이대로 두면 금방 얼어 죽을 겁니다. 이분을 업고 갑시다."

동행자가 화를 냈다.

"이보시오. 쓸데없는 친절을 베풀지 마시오. 자기 몸도 못 가누는 노인을 업고 가다가는 우리 셋 다 꼼짝없이 죽고 말거요. 내버려두고 그냥 갑시다."

하지만 선다 싱은 그렇게 할 수 없었다. 그가 노인을 업는 사이 동행자는 이미 저만치 성큼성큼 앞서 갔다. 그러고는 골짜기 사이로 난 길을 따라 사라져버렸다.

선다 싱은 노인을 업은 채 천천히 걸음을 옮겼다. 그런데 이상하게도 추위가 한풀 꺾인 듯한 느낌을 받았다. 노인을 업었기 때문이다. 힘들여 업고 걷다 보니 몸에서 열이 올라 매서운 추위에도 땀이 날 정도였다. 그래서 더더욱 노인을 내려놓을 수 없는 처지가 되었다. 노인을 내려놓았다가는 흘린 땀이 식어버려 몸이 꽁꽁 얼어붙을 것이기 때문이다.

김이 모락모락 나는 선다 싱의 체온 덕분에 차갑게 식었던 노인의 몸에도 온기가 돌았다. 노인은 곧 정신을 차렸고 이해하기 어려운 사투리 말로 고마움을 전해왔다.

선다 싱은 기력을 다해 천천히 걸었다. 눈발이 잦아들었고 마침내 저 멀리 마을이 보였다. 그는 발걸음을 재촉했다. 이런 날씨에 목숨을 건진 것도 다행이었지만 죽어가던 노인을 살린 것은 더욱 가슴 뿌듯한 일이었다.

그가 잰 걸음으로 마을 입구에 도착했을 때 누군가가 쓰러져 있는 게 보였다. 선다 싱은 노인을 내려놓고 달려가 눈을 치우고 쓰러진 사람을 일으켜 안았다. 싸늘하게 식은 그의 얼굴을 확인하는 순간 깜짝 놀라고 말았다. 혼자 살겠다고 선다 싱과 노인을 버려둔 채 가버린 동행자였다.

안타깝게도 이미 숨이 끊어져 있었다.

친절

;

"똑똑한 사람이 되는 것보다 친절한 사람이 되는 게 더 어렵단다."

아마존 창업자 제프 베조스Jeff Bezos는 어릴 때 할아버지에게 들은

이 말을 늘 마음에 새기며 살아간다고 한다.

친절한 사람을 만나면 경계심이 누그러지고 마음이 편해진다. 그들

은 자기 마음을 열어 보여주면서 동시에 타인의 마음에 들어갈 줄

아는 현명함을 가지고 있기 때문이다.

친절함과 현명함이 통하는 이유다.

가
치

아름다운 선택

눈 뜨고 코 베어가는 세상이라고 한다.

각박해진 세상을 살다 보면 손해를 입지 않으려고 부득불 목소리를 높여야 할 때가 있다. 양보와 배려가 소중하다는 것을 알지만 순진하게 보였다가는 꼼짝없이 당할 수도 있다는 두려움이 자꾸 목소리를 높이게 만든다.

그녀 또한 그랬다. '이익일까 손해일까'를 언제나 판단의 최우선 기준에 두었다. 적어도 지난해 가을, 뜻밖의 사건을 겪기 전까지는.

오후 4시쯤 엄마한테서 전화가 걸려왔다. 딸아이를 태우고 가다 그만 교통사고가 났다는 거였다.

"뭐라고? 연희는! 연희는 안 다쳤어?"

다급하게 물어보고는 이내 미안함을 느꼈다. '엄마 괜찮아? 연희는?' 이렇게 말했어야 했다.

"다치기는……. 살짝 부딪친 것뿐인데 뭘."

사거리에서 유턴을 하다가 쿵 하는 소리에 놀라서 보니 개인택시가 차의 오른쪽 앞 모서리를 들이받았더라는 얘기였다.

"정말 다친 데 없어? 그래도 병원 가봐야 하는 거 아니야?"

"괜찮다니까. 연희도 잘 놀고 있으니까 걱정 안 해도 돼. 차도 멀쩡해. 오히려 택시가 움푹 들어갔어. 라이트도 깨지고."

"보험사에는 연락했어? 경찰은? 어느 쪽 과실이래?"

"연락 안 했어. 기사 양반이 알아서 하겠다고 하더구나. 그래서 그냥 왔지."

그녀는 답답해서 엄마에게 소리를 지르고 말았다.

"그냥 오면 어떡해! 그 사람을 어떻게 믿고!"

서둘러 일을 마치고 집으로 돌아와 엄마에게 자초지종을 다시 물었다.

"기사 양반이 내 나이하고 비슷하더라. 좀 깐깐하게 생기기는 했는데 사고가 나자마자 우리 차 뒷문부터 열고는 연희가 괜찮은

지 살펴보지 않겠니? 그러고는 자기가 다 처리할 테니까 걱정 말고 가라는 거야. 그래서 연락처 주고받고 그냥 집에 왔지."

잘잘못도 따지지 않고는 그냥 서둘러 돌려보냈다는 게 영 찜찜했다. 택시 기사가 잘못해서 자신의 과실을 순순히 인정한 것일까? 설마…… 노련한 택시 기사라면 이런 상황을 수도 없이 겪어봤을 터였다.

그녀는 택시 기사를 믿을 수 없었다. 혹시 엄마를 보내놓고 뺑소니 신고를 한 건 아닐까? 경찰서에서 출두하라고 연락이 오면 어떡하지? 상상을 초월하는 거액을 덤터기 쓰는 건 아닐까?

불길한 예감은 여지없이 맞아떨어졌다. 자동차 수리 센터에서 연락이 온 것이다. 택시 수리비 견적이 나왔는데 자그마치 80만 원이라고 했다.

"그것 봐, 엄마! 경찰이나 보험사부터 불렀어야지! 살짝 부딪친 것 가지고 80만 원이라는 게 말이 돼?"

그녀가 발을 동동 구르며 목소리를 높이자 엄마의 표정이 어두워졌다. 바로 그때 보험회사 직원으로부터 전화가 걸려왔다.

"어머님께서 거기가 유턴 금지 구역인 줄 모르셨던 모양이에요. 앞으로는 확인하고 유턴하시라고 전해주세요. 잘못하면 큰일 납니다."

백 퍼센트 엄마의 과실이라는 얘기. 택시 수리비를 우리가 부담해야 한다는 뜻이었다. 보험으로 처리한다고는 해도 내년부터 보험료가 확 오를 것을 생각하니 한숨이 절로 나왔다.

그런데 수화기 저편에서 뜻밖의 이야기가 들려왔다.

"아! 그리고 우리 쪽 부담은 걱정하실 필요 없습니다. 택시 기사님이 전부 자기 부담으로 처리하겠다고 하셨거든요. 이런 경우는 저도 처음이네요. 아무튼 어머님께서 운이 참 좋으셨어요."

전화를 끊은 뒤에도 그녀는 대체 뭐가 어떻게 된 일인지 영문을 알 수 없었다. 자기 잘못도 아니라면서 왜 자청해 덤터기를 쓰는 것일까? 그녀가 혼란에서 헤어나지 못하는 사이, 엄마는 택시 기사가 휴대전화에 입력해준 번호로 전화를 걸었다.

엄마는 전화가 연결되자마자 기사 아저씨에게 '짐작이 안 가는 호의'를 베푼 이유부터 물었다. 잠시 후 이런 대답을 들을 수 있었다.

"오늘 아침에 첫 손녀가 태어났답니다. 제 인생에서 가장 기쁜 날이죠. 작은 사고로 잘잘못을 따지기에는 너무 좋은 날 아닙니까?"

엄마는 그래도 수리비를 전부 부담하게 할 수는 없다고 이야기했다. 전적으로 엄마의 과실이었으니까.

그러자 택시 기사님이 이렇게 대답했다.

"아까 보니까 묵주를 차고 계시더군요. 그냥, 오늘 밤에 기도 한 번 해주시면 좋겠어요. 제 손녀 지영이, 예쁘게 잘 자라라고 말이죠. 저는 그걸로 충분합니다."

그녀는 엄마가 전해주는 기사님의 당부를 들으면서 얼굴이 벌겋게 달아오르는 것을 느꼈다. 남의 호의를 괜히 의심하고 핏대를 올린 스스로가 부끄러웠다. 아이 키우는 엄마로서 더욱.

그 후로 엄마는 기도할 때마다 가족 이외에 또 한 사람, 지영이라는 이름을 입에 올리곤 한다.

"우리 손녀 연희, 그리고 얼굴은 못 봤지만 지영이도 늘 밝고 건강하게 살아가도록 굽어 살펴주소서."

기도 안에서만큼은 엄마에게 손녀가 또 한 명 생긴 셈이다.

살다 보면 복잡하게 얽힌 이해관계 속에서 이익을 앞세우거나 손해를 감수해야만 하는 판단을 내려야 할 때가 있다. 그런데 어떤 선택은 비록 손해처럼 보일지라도 값을 매길 수 없는 궁극의 가치를 품는다.

자신이 받은 축복을 전혀 모르는 사람에게까지 나눠준 택시 기사의 아름다운 선택이 그랬다. 오늘 밤에도 지영이라는 아기는, 축복을 함께한 어느 할머니의 기도 속에서 새근새근 잠들 것이다.

가치

;

이 책을 출간한 출판사의 편집자가 실제로 겪은 일이다. 이야기를 들으면서 기분 좋은 충격과 감동에 잠시 빠져들었다.

자신의 기쁨을 누군가에게 나누고 함께 누리고 싶은 마음. 이런 마음이야말로 우리가 추구해야 할 궁극의 가치가 아닐까. 우리는 나눔을 통해 더불어 행복할 수 있다.

궁극의 행복이란 행복을 나누는 것이다.

우리가 이어져 있음을
전율로 느끼는 순간

한 의사가 겪은 일이다.

높은 곳에서 추락한 스물여섯 살의 젊은이가 응급실로 실려 왔다. 그는 머리를 심하게 다쳐 의식을 완전히 잃은 상태였다. 담당 의사는 서둘러 응급 처치를 했으나 환자가 살아날 가망은 거의 없어 보였다.

의사는 청년이 중환자실로 옮겨진 뒤 인공호흡기에 의지해 목숨을 부지하는 것을 아침까지 착잡한 마음으로 지켜볼 수밖에 없었다. 의사는 곧 심전도 곡선을 확인하고는 한숨을 지었다.

규칙적이던 심장박동이 급격한 파동으로 바뀐 것. 그것은 심장이 점점 약해져 힘을 잃어가고 있으며 죽음이 가까이 왔음을 알리는 신호였다.

의사는 이 신호가 나타난 뒤 10분 이상 살아 있는 경우를 본 적이 없었다. 그래서 중환자실에서 나와 급히 달려온 가족들에게 "임종을 지켜보라"라고 알렸다. 가족들은 젊은이의 죽음을 이미 받아들이는 듯했다. 부모님과 친척으로 보이는 몇몇 사람이 구슬피 울며 곧 죽음을 맞이할 청년에게 작별을 고했다.

의사는 그런 모습을 뒤로하고 중환자실을 나섰다. 간호사에게 "심전도 파동이 멈추면 연락하라"라는 말을 잊지 않았다.

의사는 다른 환자들을 둘러보고 다시 중환자실로 돌아왔을 때 깜짝 놀라지 않을 수 없었다. 한 시간이 지난 뒤에도 그의 심장이 느린 파동을 그리며 뛰는 것이었다. 의사는 처음 보는 광경에 무척 놀랐다.

그러고는 연이어 쏟아져 들어오는 응급 환자들을 보느라 다시 그 젊은 환자에 대해서는 잊고 있었다. 그날 응급실은 전쟁터의 야전 병원과도 같았다.

다음 날 아침. 중환자실을 찾아간 의사는 다시 한 번 자신의 눈을 의심했다. 약하지만 끊이지 않는 심전도 곡선을 그리며 그 환자가 살아 있었던 것. 의사는 형언하기 어려운 무엇인가를 느껐다. 어쩐지 그 젊은이의 영혼이 아직 세상을 떠나지 못하는 특별한 이유 같은 게 있는 것만 같았다. 과학이나 의학의 틀로는 도무지 납득할 수 없는 그 무엇이었다.

그렇게 또 하루가 지나갔다. 환자의 심전도가 위험 신호를 나타낸 지 이틀이 지났다. 의사가 중환자실에 가보니 여전히 미약하게나마 심전도 그래프가 이어지고 있었다.

젊은이의 몸은 죽은 것이나 다름없었으나 어떤 이유에서인지 영혼만은 이 세상에 조금 더 머물겠다고 고집을 부리는 것 같았다. 의사는 심전도 화면을 보면서 예사롭지 않은 느낌을 다시 확인했다.

그때였다. 한 젊은 여인이 중환자실로 들어섰다. 그동안 가족 중에서는 못 보던 얼굴이니, 멀리서 뒤늦게야 연락을 받고 달려온 것 같았다. 표정으로 보아 환자의 연인인 듯했다.

여인은 넋이 나간 사람처럼 창백한 얼굴이었다. 의사가 환자 곁에 가까이 갈 수 있도록 비켜주자 여인이 말없이 눈물을 흘리며 침대 머리맡에 섰다.

바로 그 순간. 거짓말처럼 심전도 파동이 멈추었다. 화면에서 이어지던 파동이 사라지고 직선 한 줄이 화면에 나타났다. 이틀간 약하게 뛰어왔던 심장이 그 순간 멈춘 것이다.

의사는 뭔지 모를 가슴 서늘한 느낌에 사로잡혀 중환자실을 나섰다. 그의 임종 소식을 전하며 보호자 중에 한 사람에게 방금 도착한 여인이 누구인지 물어보았다.

여인의 배 속에 젊은이의 아이가 자라고 있다는 대답을 들을 수 있었다. 의사는 마음속에 형용할 수 없는 감정의 파도가 밀려왔다. 그리고 무엇을 해야 할지 깨달았다. 의사는 여인이 나오기를 기다렸다가 다가가서 말해주었다.

환자가 당신과 배 속의 아기를 만나기 위해 얼마나 오랫동안 삶과 죽음의 경계에서 사투를 벌이며 시간을 보내왔는지, 또한 얼마나 가슴 아프고 힘겨운 기다림이었는지…….

그리고 그것은 당신과 아기에게 전하는 그의 마지막 사랑의 메시지이자 작별 인사였다고. 의사는 그 말을 전하면서 경외심을 느끼지 않을 수 없었다. 애절하고 아름다운 사랑을 간직한 한 영혼이 우리 곁을 떠나는 순간을 지켜본 것이다.

의사는 그 후로 영혼의 존재를 믿게 되었다. 또한 그 존재를 이끌어주는 가장 큰 힘이 사랑이라는 것을 깨달았다. 그는 지금도 의사의 길에 들어서는 후배들에게 이 이야기를 들려주곤 한다.

오늘
약
말

영혼
;

가까운 이에게 더 큰 실망과 회의를 느낄 때가 있다. 깊이 생각하는

마음을 이해하기는커녕 도리어 치명적인 상처로 돌려받을 때.

그러다가도 다시 깜짝 놀라며 '이런 게 운명인가' 하는 생각이 들 때

가 있다. 마음속에서 방금 떠올린 음률을 눈앞에서 상대방이 콧노래

를 부를 때, 뜬금없이 무언가를 말하려는 순간 마치 내 마음을 들여

다보듯 상대의 목소리로 그 이야기를 듣게 될 때, 연락을 하려고 휴

대전화를 꺼냈더니 전화가 걸려올 때. 이런 순간들이 있다.

그럴 때마다 영혼이 존재하며 그 끈이 서로 연결되어 있음을 느낀

다. 과학이나 이성으로는 이해하거나 분석할 수 없는 일.

사랑하는 이를 '왜 사랑하는지' 끝끝내 알 수 없는 것과 마찬가지다.

네가 있기에
내가 있다

어떤 인류학자가 아프리카의 한 부족 아이들에게 게임을 하
자고 제안했다.

근처 나무에 아이들이 좋아하는 과일 바구니를 매달아놓고
가장 먼저 도착한 아이에게 그것을 모두 주겠다고 했다. 달리기
게임이었다.

"시작!"

그러나 아이들은 다투어 달려가지 않았다. 모두 손을 잡고 나
란히 뛰어가 동시에 도착했다. 그러고는 바구니를 내려 사이좋

게 나눠 먹기 시작했다.

인류학자가 가장 크고 튼튼해 보이는 아이에게 물었다.

"네가 가장 먼저 뛰어가면 전부 차지할 수 있었는데 왜 그렇게 하지 않았니?"

그러자 아이들이 일제히 대답했다.

"우분투!"

질문을 받은 아이가 말했다.

"다른 아이들이 슬픈데 어떻게 혼자만 행복해질 수 있나요?"

우분투UBUNTU란 반투족 말로 '네가 있기에 내가 있다I am because you are'라는 뜻이다.

우리는 대부분 해처럼 찬란하게 빛나는 존재가 되기를 꿈꾼다. 하지만 해는 혼자다. 해가 뜨면 그 밝은 빛 때문에 세상 모든 별들은 빛을 잃어버리고 만다. 해는 혼자 떴다가 혼자 진다.

달은 어떠한지. 달빛이 햇빛보다 아름다워 보이는 이유 말이다. 아마도 달이 별빛을 가리지 않고 함께 빛나기 때문이 아닐까.

스스로에게 물어보자. 하늘 높이 빛나는 해와 달의 존재. 나는 당신에게 해이고 싶은가, 달이고 싶은가.

당신

;

돈보인다는 건 좋은 일이다. 경쟁에서 승리하면 뿌듯함을 느낀다. 그런데 해처럼 환하게 빛나려면 이면에 그림자도 짙다. 혼자만 빛나는 대가를 치러야만 하는 것이다.

혼자만 돋보인다는 건 당사자에게는 외로운 일이다. 사람들에 둘러싸여 있지만 정작 그의 마음을 이해해주는 이는 매우 드물다. 그가 발하는 빛에 이끌려 다가오는 것뿐이니까. 마치 혼자 남겨지면 우울감에 시달리는 연예인의 운명처럼. 어떻게 혼자서 행복해질 수 있을까.

당신이 있어야 내가 있다.

오늘, 나에게 약이 되는 말

초판 1쇄 인쇄 2014년 12월 23일 초판 1쇄 발행 2014년 12월 30일

지은이 한설 펴낸이 연준혁

출판 1분사
책임편집 최연진
편집 최혜진 가정실 한수미 정지연 최유진 김민정
디자인 윤정아 일러스트 전효진
제작 이재승

펴낸곳 (주)위즈덤하우스 출판등록 2000년 5월 23일 제13-1071호
주소 경기도 고양시 일산동구 정발산로 43-20 센트럴프라자 6층
전화 031)936-4000 팩스 031)903-3893 홈페이지 www.wisdomhouse.co.kr
종이 월드페이퍼 인쇄·제본 (주)현문 특수가공 이지앤비_특허 제10-1081185호

값 12,800원 ⓒ한설, 2014
ISBN 978-89-6086-765-9 03320

국립중앙도서관 출판시도서목록(CIP)

오늘, 나에게 약이 되는 말 / 지은이: 한설. -- 고양 :
위즈덤하우스, 2014
    p. ;   cm

ISBN 978-89-6086-765-9 03320 : ₩12800

격언[格言]
명언[名言]

199.8-KDC5
179.9-DDC21   CIP2014037303